loqueleo

LOS MEJORES RELATOS DE HUMOR. LA MONA RISA

D. R. © Miriam Alonso: "Los dinámicos", *Las mujeres y el sentido del humor.*
D. R. © Woody Allen: "Correspondencia", *Cómo acabar de una vez por todas con la cultura.* Editorial Tusquets.
D. R. © Samuel Beckett: Fragmento de *Esperando a Godot.* Editorial Tusquets, 1982.
D. R. © César Bruto: "Perro de San Bernaldo", *Lo que más me gustaría ser a mí si no fuera lo que soy.*
D. R. © Alfredo Bryce Echenique: "Mi último contacto en Lima y mi contacto n° 2 en Francia", *La vida exagerada de Martín Romaña*, 1981.
D. R. © Italo Calvino: "Al nacer el día", *Memorias del mundo y otras cosmicómicas.*
D. R. © Julio Cortázar: "Conducta en los velorios", *Historias de cronopios y de famas.* "El tesoro de la juventud" y "Desayuno", *Último Round*, Tomo I, Siglo XXI Editores.
D. R. © Wenceslao Fernández Flórez: "El alma en pena de Fiz Cotovelo", *El bosque animado.*
D. R. © James Finn Garner: "Caperucita Roja", *Cuentos infantiles políticamente correctos.*
D. R. © Dario Fo: "Moralidad del ciego y del tullido", *Misterio bufo.*
D. R. © Roberto Fontanarrosa: "Giovanni y Andrea", *El mayor de mis defectos.*
D. R. © Günter Grass: *Die Blechtrommel.* Steidl Verlag, Göttingen, 1993.
D. R. © Spencer Holst: "El asesino de Papá Noel", *El idioma de los gatos.*
D. R. © Jorge Ibargüengoitia: "La mujer que no", *La ley de Herodes*, 1967.
D. R. © Enrique Jardiel Poncela: "Dinamarca, la del pollo Hamlet", *El libro del convaleciente.*
D. R. © Elvira Lindo: "Un pecado original", *Manolito Gafotas.*
D. R. © Leo Maslíah: "Osman Punichek" y "Patán d ls mns", *El animal que llevamos dentro* y *La buena noticia y otros cuentos.*
D. R. © Juan José Millás: "Formulario" y "La fe", *Algo que te concierne.*
D. R. © Augusto Monterroso: "La cena", fragmentos de *Cuentos, fábulas y lo demás es silencio.*
D. R. © Daniel Samper Pizano: "Las cosas que me preocupaban..." y "Carlos Marx: historia de un tipo chévere", *Dejémonos de vainas.*
D. R. © Maruja Torres: "¿Cómo te quiere él?", *Como una gota.*

D. R. © de la selección y el prólogo: Luis María Pescetti, 2000
www.luispescetti.com
D. R. © de la imagen de cubierta: "La Mona Risa", de José Rosero, 2011

Primera edición: 2013

D. R. © Editorial Santillana, S. A. de C. V., 2017
Av. Río Mixcoac 274, piso 4, Col. Acacias
03240, México,Ciudad de México

Segunda edición: julio de 2017

ISBN: 978-607-01-3567-5

Impreso en México

www.loqueleo.com/mx

SANTILLANA

Esta obra se terminó de imprimir en julio de 2017,
en los talleres de PROcosa S.A. de C.V. Santa Cruz, No.388,
Col. Las Arboledas, C.P. 13219 México, D.F.

La Mona Risa

Los mejores relatos de humor

Selección y prólogo
Luis María Pescetti

loqueleo

Prólogo

...Oh, quién nos rescatará de la seriedad para llegar por fin a ser serios de veras en el plano de un Shakespeare, de un Robert Burns, de un Julio Verne, de un Charles Chaplin. ¿Y Buster Keaton?... ¿Por qué diablos hay entre nuestra vida y nuestra literatura una especie de "muro de la vergüenza"? En el momento de ponerse a trabajar en un cuento o una novela, el escritor típico se calza el cuello duro y se sube a lo más alto del ropero... nuestro escriba sentado asume la solemnidad del que habita en el Louvre tan pronto le saca la fundita a la Remington, de entrada se le adivina el pliegue de la boca, la hamarga hexperiencia *humana asomando en forma de rictus que, como es notorio, no se cuenta entre las muecas que faciliten la mejor prosa. Estos ñatos creen que la seriedad tiene que ser solemne o no ser; como si Cervantes hubiera sido solemne, carajo. Descuentan que la seriedad deberá basarse en lo negativo, lo tremendo, lo trágico...*

Julio Cortázar

...lo suyo en literatura fue el humor, la risa con que se curaba y con que curaba a la gente de los males de su tiempo, del oscurantismo, de la intolerancia de esas inmensas verdades excluyentes y de la podredumbre solemne de las más altas instituciones, de monarcas y papas.
François Rabelais fue un gran médico del alma...
Alfredo Bryce Echenique

...gigantes que nos enseñaron a distinguir lo poético de lo cursi, lo importante de lo solemne, lo inteligente de lo ampuloso, lo serio de lo aburrido y la carne del pescado.
Antonio Mingote

...ese humorismo reflexivo y crítico, tras el cual se oye latir el corazón...
Heinrich Böll

...cierta enciclopedia china que se titula Emporio celestial de conocimientos benévolos. *En sus remotas páginas está escrito que los animales se dividen en: (a) pertenecientes al Emperador, (b) embalsamados, (c) amaestrados, (d) lechones, (e) sirenas, (f) fabulosos, (g) perros sueltos, (h) incluidos en esta clasificación, (i) que se agitan como locos, (j) innumerables, (k) dibujados con un pincel finísimo de pelo de camello, (l) etcétera, (m) que acaban de romper el jarrón, (n) que de lejos parecen moscas.*
Jorge Luis Borges

¿Cómo escribir sobre el humor sin traicionarlo? Bastará que figure la palabra *humor* en cualquier título para que uno sepa que el lector saldrá defraudado. Habría que decir que pasen a la selección de textos, sin demoras; pero es demasiado lo que queda fuera si sólo hablamos de risa. Deja un gusto triste, como de bufón que una vez que hizo cosquillas se le invita a retirarse. ¿Y todo lo del humor que no tiene que ver con la risa? De eso se ocupa esta introducción, de aquello con que están cargadas las palabras. No con vocación de coleccionista que atraviesa mariposas con alfileres, una al lado de otra: sus nombres en papelitos blancos; sino con el placer de desarmar juguetes. Como diría Cortázar, no buscamos una risa de fin de semana, un paréntesis de *tour exótico*, sino una mirada de poeta burlón, implacable.

Aunque el humor, como todas las cosas, se resiste a que le abran la barriga, procedamos a destriparlo con curiosidad de niño que desarma un reloj, no para matar el misterio, sino para ensanchar el placer.

I

La comedia tiene su origen en los cultos a Dionisos, que fue un dios que se salvó por poco. Zeus estaba casado con Hera, que antes había sido su hermana y tenía problemas de conducta. Era celosa, violenta y vengativa, capaz de quitar la vista o provocar tempestades cuando la contrariaban. Por otra parte, Zeus, entre licencioso, dios de dioses y marido que se las arreglaba como podía, se unió con una tal Sémele. Ella quedó embarazada de Dionisos, pero murió antes, y Zeus lo cosió a su muslo y así nació dos veces (lo que hoy llamaríamos un parto complicado). Una personalidad como la de Hera, como es de imaginar, tomó a mal esa aventura de su marido y descargó su furia contra Dionisos. Ordenó a los Titanes que lo despedazaran, cosa que ellos no sólo hicieron con gusto, sino también con sabor, ya que después se lo comieron. Afortunadamente intervino Rea, que, como todas las abuelas, se aplicó a componer los dislates cometidos por los padres, reconstruyó a Dionisos y lo devolvió a la vida. Zeus lo puso a salvo alejándolo de Grecia, y al muchacho lo criaron unas ninfas. Ya adulto, descubrió la vid y sus bondades; pero Hera, que lo tenía entre ceja y ceja, lo enloqueció. En ese estado salió a recorrer el mundo acompañado por un ejército salvaje de sátiros y ménades (sacerdotisas), época durante la cual, si bien tuvo varias victorias, también cometió desmanes y crímenes. Lo curó Cibeles, cuya fuente está en el Paseo de la Castellana, diosa que personificaba la potencia vegetativa. Finalmente, el poder de Dionisos, alias *Baco*, fue reconocido y ascendió al cielo no sin antes imponer su culto, las Bacanales.

Estos ritos, probablemente originados en primitivas celebraciones del retorno de la primavera, eran unas fiestas caracterizadas por el desenfreno, el éxtasis y cierto libertinaje. Se celebraba la alegría de vivir, y durante varios días se bebía vino en abundancia. El festejo pasó de Grecia al Imperio romano. Sumó cortejos enmascarados y luego, más elaboradamente, continuó con coros que desfilaban e iban satirizando al público con ataques y críticas.

La evolución continuó y, así como la tragedia evocaba lo oculto y trascendente, la comedia se ocupó de reflejar la actualidad. A falta de medios de comunicación y revistas como *La Codorniz*, de España, o *Tía Vicenta*, de Argentina, en la antigua Grecia el dramaturgo hacía la crítica pública. Aprovechaba la oportunidad de las Grandes Dionisias, que se celebraban cada primavera, días en los que cundía cierto "desgobierno", en los que nada era sagrado y, por tanto, nada era castigado, y con sus obras *podía condenar al tirano, satirizar a oscuros filósofos, cuestionar el dominio masculino, mofarse de la moralidad sexual y convertir a los dioses en objeto de escarnio*, como cuenta Boorstin. "Castigo público" que no debía de ser muy fácil de sobrellevar pues, si la obra era exitosa, sobre una población de la antigua Atenas de más de treinta mil personas, asistía casi la mitad. Hacia el 420 a.C., Aristófanes logró grandes éxitos con sus comedias.

Estas fiestas dionisiacas, en la antigua Grecia, están vinculadas con las Saturnales de Roma, días consagrados a Saturno, a quien también se le atribuía el haber enseñado a trabajar la tierra, el cultivo y la poda de la vid. Eran fiestas para mayores, por decirlo de alguna manera, y en las cuales se subvertían las clases sociales: los esclavos mandaban a sus señores y a éstos les tocaba hacer de camareros. ¿Por qué esa inversión de papeles? Seguramente porque así dramatizaban un mito: el pueblo hacía, ritualmente, a sus jefes lo que Saturno había hecho con su padre, Urano: castrarlo y destronarlo. De esta manera se explica que en esos días las autoridades perdieran sus atributos y debieran someterse a quienes eran sus inferiores.

Al igual que los cuentos y los juegos tienen sus raíces en antiguos ritos y en los mitos,[1] lo cómico está vinculado a esos viejos ritos de fertilidad. La comedia clásica, antes de ser una representación, donde muchos espectadores observan a unos pocos actores, fue un ritual colectivo de alegría de la vida y de fertilidad. Como explica Dann Cazés, una celebración del retorno de la primavera, pues con ella el dios resucita y vuelve a liberar al pueblo de las prohibiciones a las que estaba sometido; un carnaval en el que se transgreden reglas sagradas por devoción a una divinidad más alta.

Mijail Bajtin encuentra que este modelo carnavalesco está presente en toda la historia de la literatura, con su *...visión desenfadada de la vida y una actitud subversiva respecto al esquema de valores y jerarquías de la sociedad establecida, a la que somete a la crítica a través de la sátira, la degradación paródica y la ruptura de tabúes... Elementos fundamentales... serían la exaltación de los goces de la existencia corporal... la espontaneidad en la conducta y en el hablar...*[2]

Toda la potencia, el carácter revoltoso y lo esencial del fenómeno humorístico se sintetiza en ese fértil y magnífico chisme familiar que son las historias mitológicas, y en los cultos y prácticas que derivan de ellas. Podríamos tomarlas como alegorías del humor. Y, al revés, imaginar que textos como los de esta antología, con su transgresión de las reglas y su desborde vital, son una continuación de aquellos lejanos ritos.

---

[1] Claude Lévi-Strauss, Mircea Eliade, Vladimir Propp (ver bibliografía).
[2] Demetrio Estébanez Calderón (ver bibliografía).

II

El humor se presenta de muy diferentes maneras. A veces nos reímos con un escrito que ridiculiza a un funcionario y a veces porque alguien se cae en la calle. Hay quienes se ríen de un chiste ingenuo y hay quienes lo hacen de una malformación. Hay risa que surge de vencer y destruir. La de los sádicos se regocija del sufrimiento ajeno, incluso provocándolo.

El humor no es moralmente neutro, ni está desligado de las relaciones de poder. Puede ser complaciente con él, y este tipo de comicidad es muy activa bajo formas autoritarias de relación: cuando el "humor oficial" de un país, una institución o una familia adopta los modos más pueriles y sumisos. Cómicos de cuarta burlándose de borrachitos, extranjeros, vagos, náufragos y cualquier cosa que quede a mil millas náuticas del aquí y ahora. Es una risa que podríamos llamar *de fuga*, ya que intenta ocupar el lugar de lo que no se puede decir. Busca llenar esos huecos de verdades con chistes que distraigan. Pretende que el humor sea *entretenido*, o que ésa sea su función: *distraer*. En otras palabras, que sea inocuo y esconda la realidad.

El humor puede señalar la necesidad de cambio, pero también ser un instrumento conservador. La más miserable cuota de poder logra que alguien se sienta con derecho a burlarse de otro sólo porque es extranjero, blanco, negro, verde, sensible o nuevo en la comunidad.

Hay un humor más grosero asociado a una sensibilidad más grosera, y hay otro más complejo y sutil que corresponde a una sensibilidad más compleja y sutil. Con esta antología se verá que no nos interesa *todo* el humor, sino cierto tipo. No uno desligado de la sensibilidad, de la emoción, o aliado al poder contra el débil, sino el que reacciona y desafía; el que nos confronta con la realidad; el de quien se ríe de los demás mostrando que hay que reírse de uno mismo; el que pone a los Manolito Gafotas, Oscar, Martín Romaña, Fendetestas por encima de las instituciones; el que es expresión de una vitalidad gozosa. El de *El malvado Carabel*[3] cuando es robado al querer robar, y sigue aferrado a su ilusión, sin rendirse ni traicionarse, revelándonos un territorio humano en el que podemos ser invulnerables. El de *El bodegón de las cebollas*, que no esquiva esa época de posguerra que Alemania no sabía cómo enfrentar. ¿Qué quiere decir llorar con cebollas? Tal vez que estábamos tan duros que necesitábamos las cebollas para salir de nuestra parálisis, que éramos tan hipócritas que recurríamos a las cebollas como si no hubiera motivos en la vida, o más y más (favor de no interpretar un símbolo para cerrarlo, sino para abrirlo).

III

El efecto cómico surge de un juego de tensiones entre algo que se nos presenta: el "Carlos Marx: historia de un tipo chévere", y otra cosa a la que eso alude: el Marx "histórico" del que siempre supimos. Si no hay noción de un modelo, de la regla que se transgrede, lo cómico no se

[3] De Wenceslao Fernández Flórez, no está en la antología.

produce. Todos sabemos cómo es una partida de ajedrez; por eso el disparate surge cuando Woody Allen cuenta una que se desarrolla por correspondencia.

Lo que se nos propone no se hace respetando al modelo, sino que intencionalmente (si no, sería humor involuntario) se introducen cambios, desplazamientos en relación a la norma. En "Formulario", Millás, con aparente transparencia, repasa el trámite migratorio para entrar a Estados Unidos, y lo hace de tal modo que lo que para algunos será normal, lo vemos absurdo (*¿Pretende entrar a Estados Unidos para realizar actividades criminales o inmorales?, señale la casilla que corresponda*).

Tampoco se salva el código del lenguaje, como en "Perro de San Bernaldo" de César Bruto (donde, por cierto, nos preguntamos cuán bajo estará alguien para que aspire a ser perro), y en "Patán d ls mns" de Maslíah. Ni la lógica, como ocurre en "Desayuno" de Cortázar, o en *Esperando a Godot* de Beckett. Ni las metáforas, como cuando Jardiel Poncela nos alerta de que va a utilizar una: *¡Allá va!* (con lo cual la equipara a un ladrillo).

De paso vemos algunos recursos humorísticos: exageración, inversión, la convivencia de mundos dispares, como con *Caperucita*, en donde se mezcla el cuento tradicional y el modelo de lo políticamente correcto. La chispa surge de esta clase de encuentros insólitos: partida de ajedrez-correo, políticamente correcto-cuentos infantiles o fantasma-ladrón, como en "El alma en pena de Fiz Cotovelo".

El juego humorístico es un hecho que refiere a otro, con el que guarda una relación crítica que se expresa con un planteamiento paródico, absurdo, disparatado, irónico, satírico. Genera una tensión entre el ideal que uno propone y un "no ideal", una incongruencia, que el discurso humorístico denuncia. Cuanto más alto se haya querido mostrar, más brutal será el impacto de contrastarlo con una imagen de sí mismo que lo aterriza en un segundo. Esta risa irreverente surge de desenmascarar la hipocresía o de proponer reglas diferentes a las aceptadas.

IV

El humor es un tema de óptica, mejora la vista. Llevamos siglos leyendo la vida según el poder, la manipulación de valores o una tergiversación de la cultura; entonces llega el humor y barre esos espejismos con su dimensión humana de la realidad. Consigue sacarles una foto a los dioses (sean de derechas o de izquierdas, de arriba o de infiernos) no mientras están en escena, que es cuando ellos quisieran, sino un minuto antes de salir, cuando están en el baño de los camerinos, al quitarse el maquillaje o cuando salen del teatro y ningún taxi les hace caso.

Al desacralizar nos enseña que siempre hay tramoya, escenografía de cartón pintado, y así nos deja en libertad. El humor despierta. Si nosotros fuéramos Lázaro, el humor tendría el poder de regresarnos del letargo fatal, pero no diciendo que nos levantemos, sino más bien: *¡Eh! ¿¡Te estabas creyendo eso!?*

El héroe clásico mata al dragón y libera a la princesa; el héroe cómico "mata" a la autoridad y "libera" a su grupo.

El humor es siempre un disparo contra la autoridad. Ésta puede encarnarse en una persona real, una institución, el gobierno, una imagen religiosa. Pero también, en un sentido más amplio de la palabra, en los códigos sociales de buen comportamiento, el reglamento de tránsito, valores éticos, horarios, planificaciones, tecnología. En un sentido más extenso aún, la lógica es un principio de autoridad; así como las reglas del lenguaje, las gramaticales, las de ortografía; los impuestos. Lo que creció con desmesura o ganó tanto consenso que aplasta. Y todo aquello que de algún modo imponga un límite: el principio de realidad, el miedo, una enfermedad, la muerte, la tarifa telefónica.

Contra eso se rebela el héroe cómico alertándonos de la estupidez ajena y propia. Como señala Jacqueline Held, esa toma de distancia que es el humor ayuda *a juzgar en vez de padecer*; observar con perspectiva *nuestros problemas constituye una actitud activa opuesta a la resignación* (véase a Maruja Torres convirtiendo un adiós en rabiosa y vengativa receta de cocina,[4] o una conquista frustrada en una valoración de la cultura).

Nos devuelve la humanidad cuando la burocracia, la prepotencia, una enfermedad, un fracaso nos la han hecho perder. Estamos de acuerdo en que bañarse es bueno, pero si vive en una pensión en París y lo hace a diario y es un estudiante sudamericano, debe de ser que tiene alguna enfermedad rara. Y así Bryce Echenique rescata

---

[4] No está en la antología. Maruja Torres, "Cocina práctica", *Como una gota*, Editorial El País-Aguilar.

en dulce venganza sus años de estudiante recién llegado, sometido a la mirada de los locales.

Por alguna razón tendemos a endiosar, y lo hacemos sin darnos cuenta. La idealización es como una ceniza al revés, porque no nos ciega con su opacidad, sino con su brillo. Se va depositando desde el primer día que conocemos algo, y cuando queremos darnos cuenta, ya brilla demasiado y nos paraliza. Viene a cuento que Sémele, la madre de Dionisos, le pide a Zeus que se muestre en todo su esplendor. Él, que seguramente le había dicho: "Lo que quieras, mi amor", la complace, y ella muere carbonizada por el poder de sus rayos. No es casualidad, entonces, que su hijo inspire a los que echan tierra sobre cualquier cosa que brille demasiado.

Endiosamos a los dioses mismos. De ello se encarga Dario Fo con dos personajes tan marginales que un milagro podría perjudicarlos. Wenceslao Fernández Flórez, con sutil y deliciosa ironía, pone a un alma en pena a decidir entre visitar a un santo o ir a Cuba (con lo cual equipara una cosa y la otra). Partiendo de la noticia de que destituyen a un pastor por no creer en Dios, Millás hace un desarrollo sobre los peligros de la fe, pasando por el colesterol y el verano.

Pero así como se endiosa hacia arriba, se endiosa hacia la izquierda, un lugar menos frecuentado por los desacralizadores, y por eso viene tan bien "Los dinámicos", un texto impecable de una autora cubana, en el que desnuda una asamblea (y más también). Al igual que el texto de Samper sobre Marx como un amante de la buena vida que dejó embarazada a su criada, que hubiera usado tarjeta de crédito y sufría de hemorroides. Los dos nos recuerdan que la izquierda también produce mármol. Samper y Fo no se meten con Marx ni con Jesús, sino con cómo nos los han transmitido. Más que disparar contra ellos, lo que hacen es rescatarlos de un secuestro solemne, para que dejemos de pagar peaje por acercarnos.

Muy próximo encontramos un dios moderno: el pensamiento políticamente correcto. James Finn Garner toma sus tópicos y los concentra exagerando su uso. La versión políticamente correcta de "Caperucita" nos revela tanto el disparate y el despropósito fanático de esa tendencia, como su autoritarismo subyacente.

Se endiosa a Dios, a Marx, a las asambleas socialistas, a lo políticamente correcto; pero también se endiosa el amor, *ella*, *él* (léase con un suspiro). Contra todo hipnotismo edulcorado se van Fontanarrosa, Ibargüengoitia y Monterroso. Fontanarrosa, más por el lado de la campiña italiana, Romeo y Julieta. Ibargüengoitia, por el de la oscura pasión de un triángulo amoroso, mostrando toda la gimnasia frustrante que abunda en esas situaciones. Monterroso, en un texto que conviene leer sin apetito vertiginoso, pone al amor no como una pasión sin igual, sino como algo de lo que puedes llegar a enterarte mucho después.

En "Conducta en los velorios" y "El asesino de Papá Noel" se "hace el mal" para hacer un bien mayor, se desobedece el respeto al luto, y a la vida, como una manera de desenmascarar la hipocresía en un caso, y como denuncia a una sociedad con valores machistas en el segundo.

V

El humor tiene dos caras: una que dispara sobre la autoridad y subvierte las relaciones de poder, y otra ligada al placer. Dionisos, a pesar de su tortuosa infancia, o quizá por ella, simboliza la emancipación de prohibiciones y tabúes, los desfogues, la exuberancia, el regreso a un caos inicial. No violento y amargo, sino delicioso y exuberante, como el que encontramos en "El informe de Brodie" de Jorge Luis Borges.[5]

Una función del humor, tan esencial como la que desafía a la autoridad, es la que se entrega al placer. En el "Discurso del oso"[6] de Cortázar, por ejemplo, el eje no se construye en una dialéctica con la autoridad, sino en un juego sensual, que abandona el principio de realidad y adopta otra lógica, la del deseo, y va por las cañerías a lamerle la cara a la gente. En el humor también se da esta alteración del orden que es más suave, y transmite un gran gozo, a veces no exento de ironía, como en el capítulo de "El polvo efervescente", también de *El tambor de hojalata*.[7]

Pero aun cuando en estos ejemplos esa intención es más explícita, el mismo deleite está presente en toda esta antología, con su energía divertida y primordial. Así se invierte el orden temporal (como hace Cortázar en "El tesoro de la juventud"), y da lo mismo desconocer la orto-

---

[5] No está en la antología. Jorge Luis Borges, *Obras completas*, EMECÉ Editores.

[6] No está en la antología. Julio Cortázar, *Historias de Cronopios y famas*, Siglo XXI Editores

[7] No está en la antología. Günter Grass, *El tambor de hojalata*, Alfaguara.

grafía ("Perro de San Bernaldo" y " Patán d ls mns"), la importancia de Hamlet ("Dinamarca la del pollo Hamlet"), o tomar hipótesis científicas y convertirlas en anécdota familiar (y de una familia muy especial), como en "Al nacer el día".

El humor impide que nadie se convierta en la estatua de sí mismo. Llevémonos el recuerdo de la pobre Sémele, una de las imágenes más delicadas y bellas sobre los peligros de la idealización, y el de quien la rescató de la muerte: su hijo Dionisos, que, más allá de toda fiesta ruidosa, nos recuerda el cielo que merecemos no a pesar de ser animales y disculpándonos de esa vergüenza, sino por eso mismo. Por estar hechos también de la divina bestia, de historias fallidas, tropezones, de discursos pretenciosos, y por volar en alfombras gastadas. El humor es la luz de la ceniza, y la ceniza de la luz.

LUIS MARÍA PESCETTI

México, D. F. / Buenos Aires, mayo de 2000

Bibliografía

Claude Lévi-Strauss, *Antropología estructural*, Paidós.

Daniel J. Boorstin, *Los creadores*, Crítica.

Dann Cazés, *Lo risible como generador de nuevos mensajes estéticos*, tesis, Universidad Nuevo Mundo, México.

Demetrio Estébanez Calderón, *Diccionario de términos literarios*, Alianza Editorial.

E.R. Dodds, *Los griegos y lo irracional*, Alianza Universidad.

J. Chevalier A. Gheerbrant, *Diccionario de los símbolos*, Herder.

Jacqueline Held, *Los niños y la literatura fantástica, función y poder de lo imaginario*, Paidós.

Karl Kerényi, *Dionisios*, Herder.

Mircea Eliade, *Lo sagrado y lo profano*, Paidós.

____________, *Mito y realidad*, Kairós.

Robert Graves, *Mitos griegos*, Alianza Editorial.

Umberto Eco, V. V. Ivanov y Mónica Rector, *Carnaval*, Fondo de Cultura Económica.

Vladimir Propp, *Las raíces históricas del cuento*, Fundamentos.

Walter Otto, *Dioniso, mito y culto*, Siruela.

Posdata

Perdone el amable lector las efusiones personales.
Adolfo Bioy Casares

Llevaba días discutiendo conmigo y a la vez sin poder mantener esa discusión que el propio prólogo no admitía. Ya no cabía una pequeña aclaración aquí, ni otra frase que matizara una afirmación. En ésas estaba cuando volví a encontrarme con la *Antología de la literatura fantástica* de Borges, Bioy Casares y Silvina Ocampo, y en ella con esta idea exacta de una *posdata* en la que Bioy se despacha contra algunas afirmaciones que él mismo había hecho, veinticinco años antes, para el prólogo de la primera edición. A riesgo de ser acusado de impaciente (sólo pasaron unos meses), adopto esa idea, que permite expresar que muchas percepciones se dan exactamente en el espacio que queda entre una afirmación y otra, o entre una fe y una duda, sin coincidir exactamente con ninguna de ellas. Escribir tiene esa lucha de un proceso lleno de elecciones, dudas, avances y retrocesos que la página limpia, impresa, escamotea al lector.

No encontré un buen lugar para hacer una aclaración que salta por obvia al ver la selección de autores, centrada en la lengua española: y es que abarca la segunda mitad del siglo XX. Esto responde tanto a mi propio placer como lector, como a las características de la colección, y con ella pretender un lenguaje de época que no implicara traducciones del tipo "esto debe de haber sido humorístico por entonces". Como señala Bioy en ese prólogo, la literatura va transformando a los lectores, que exigen nuevas maneras de presentar los efectos literarios, sea la sorpresa o el humor. Pero tengo la impresión de que este cambio es más implacable con el humor; mucho más sensible, también, a los contextos y códigos internos, más allá de los cuales pierde toda eficacia. Sin embargo, con esta elección, quedan fuera obras hermosas tanto por su carácter fundacional, como por su actualidad: *El Quijote* de Cervantes; *Gargantúa y Pantagruel* de Rabelais; *Tristam Shandy* de Laurence Sterne; el *Cándido* de Voltaire.

Sólo intuitivamente pude resolver la pregunta de hasta dónde se encuentra humor. ¿Cuán extensa es nuestra definición? Hay, por supuesto, un humor que es más explícito y otro de "grano fino". La ironía puede valerse de un complicado juego de referencias cultas, intertextuales, dirigida a exquisitos o a un reducido círculo familiar. Si nos alejamos de los territorios de la risa franca y admitimos cada vez más sutileza, llega un punto en que el lector necesitará una justificación sobre por qué "refinada" consideración llegamos a incluir un texto que no le mueve un pelo.

Me resulta difícil explicar por qué quedan fuera un autor como J. D. Salinger; la novela *Mascaró* del argentino Haroldo Conti; los *Ejercicios de estilo* de Raymond Queneau; Saki; el cubano Zumbado; *Santos varones I y II* del español Luis Sánchez Polack, mejor conocido como "Tip"; *Opiniones de un payaso* de Heinrich Böll; el argentino Landrú; la revista española *La Codorniz*; Roald Dahl, entre otros. *Imagen de John Keats*, de Cortázar, no es un libro de humor, como tampoco lo es *Manual mínimo del actor*, de Dario Fo; sin embargo, deberían estar como pulmones de esta antología.

Al comenzarla, me propuse hacer un libro que lograra una mejor ubicación en las librerías que esos rincones deplorables a los que están condenados todos los que carguen la palabra *humor* en su título. Al adoptar el criterio de *narrativa*, lo hice en un sentido amplio, encontrando narratividad tanto en las formas consideradas propiamente como tales (cuento y novela), como en piezas teatrales y en la crónica periodística. De todos modos, quedaron fuera muchos textos, que están señalados en las citas de pie de página, y a cuya lectura los invito tal como si los hubiera podido incluir.

La elección y la disposición de las obras pretende evitar un recuento de museo, y ser un libro en el que los textos convivan más desordenadamente, dándose oxígeno y pasándose el micrófono unos a otros. Imaginé una sucesión de entradas a escena, y ni siquiera en el peor de los circos salen una sola vez todos los equilibristas, luego todos los animales, luego todos los payasos, hasta agotar los participantes. Así, esta selección está cruzada por ritmos y complicidades internas: los viajes, exilios, desplazamientos (personajes y autores nacieron en una parte y vivieron en otra, o están en tránsito); la oposición entre "lo viejo" y "lo nuevo"; el hombre tironeado entre el progreso urbano y la utopía del regreso a un orden natural. Pero éstas son sólo algunas, y espero que ustedes descubran otras.

Varios meses después de haber escrito la frase final del prólogo, en el libro de Kerényi encontré algo que imprimió aún más significado a la metáfora sobre la ceniza y el humor. Cuando Zeus mató a los Titanes con su rayo, *...de las emanaciones de los muertos se formó hollín. Del hollín se hizo una materia y de esa materia surgieron los seres humanos...* Esos restos del incendio no sólo eran hollín y cenizas, ya que los Titanes se habían comido a Dionisos, y así el mito explica que el dios está en nosotros, pues esa ceniza que nos constituye *guardaba la sustancia dionisiaca que se hereda continuamente de ser humano a ser humano.*

L. M. P.

Giovanni y Andrea

Roberto Fontanarrosa

De la obra *El mayor de mis defectos*

La brisa era ligeramente tibia y traía un aroma a lino, trigo y grosella. Ellos ya habían corrido hasta cansarse por el borde de la colina, hollando con sus pies el pasto tierno y gritando sus nombres al viento.

—¡Giovanni!

—¡Andrea!

Luego, ella, ebria de juventud y libertad, había desconcertado a Giovanni gritando otros nombres, de hermanas, de tías, de vecinos, de firmas comerciales y hasta el glorioso nombre de Luiggi Villoresi, el intrépido devorador de rutas, héroe de todos los adolescentes.

Ahora caminaban ambos acompasadamente, tomados de las manos, en silencio, sin poder creer ese hecho mágico, fantástico, de amarse tanto bajo la luz mórbida y púrpura de la tarde.

Él de pronto se detuvo, deteniendo el caminar de ella. Había cortado una flor silvestre y la hacía girar nerviosamente entre sus dedos torpes. Andrea sonrió, un tanto tensa y encantada por esa proximidad incómoda, por la cercanía excesiva del rostro de Giovanni frente al suyo.

—Una flor —musitó él, dejando escapar un suspiro contenido, en tanto procuraba engarzar el tallo bajo el pelo negro de la muchacha.

—¿Para mí? —se ruborizó ella, sin reparar en lo obvio de su pregunta. La pequeña flor amarilla quedó prendida en el cabello de ella y ambos permanecieron mirándose profundamente a los ojos, arrobados, ajenos, al parecer, al paisaje que los circundaba.

—Andrea —exclamó Giovanni presintiendo que el momento tan anhelado se acercaba.

—Sí... —susurró ella a modo de curiosidad o aceptación. De pronto, la flor se deslizó por el lacio cabello de Andrea y cayó al suelo. La reacción de ambos fue instantánea, agachándose a recogerla.

—¡Acá está! —dijo ella, retomando el breve tallo con la misma devoción con que puede reponerse un símbolo patrio mancillado. Giovanni no contestó. Se tapaba crispadamente la nariz con una mano. Su blonda cabeza, al inclinarse buscando detener la caída de la flor, había golpeado contra la cabeza de ella.

—Oh... no es nada, no es nada —procuró sonreír el joven. Andrea se asustó.

—¿Qué te pasa? ¿Qué te ha pasado?

—No... no es nada... No te inquietes... La nariz...

—He sido yo... ¡Te he golpeado! —Andrea parecía al borde del llanto—. ¡Déjame ver!

—No tienes la culpa. Fue al agacharnos, tu cabeza golpeó contra mi cara...

Ella procuró apartar con sus manos las prietas manos de él, todavía sobre la nariz. Pero las quitó de inmediato, frenando ese impulso samaritano y noble de ayudarlo ante la vecindad pletórica de su tórax. Giovanni alejó su mano derecha de la nariz tinta en sangre. De la boca húmeda de ella partió un grito.

—¡Te he lastimado!

—No te inquietes... —la tranquilizó él—. No has sido tú... Tal vez el solo hecho de inclinarme impulsó el flujo de mi sangre. Suele ocurrirme. Soy muy propenso a estas hemorragias.

—¿Hemorragias? —se alarmó Andrea.

—Por llamarlas de alguna forma... —Giovanni se quedó un momento tieso, como aguardando que cesara el fluir de la sangre de la nariz.

—Oh... ¡Cuánto lo siento! —Andrea depositó una caricia fugaz y leve sobre la mejilla de él. Quedaron un momento en silencio. No dijeron nada, pero ambos comprendieron, en ese instante, que era la primera caricia real que uno de ellos depositaba sobre el cuerpo aterido del otro.

—Ya está... Ya pasó... —desestimó lo ocurrido Giovanni—. ¿Dónde está la flor?

—Acá, acá —le ofreció ella, con una sonrisa. Giovanni tornó a su tarea de prender la frágil corola en el cabello de ella, que sacudió entonces la cabeza, como molesta por algo.

—¿Qué ocurre?

—No... Nada... —Andrea se cubría el párpado derecho con los dedos. Él continuó con su intento, hasta que la amarilla insignia quedó, de nuevo, sobre la sien de ella. Se apartó un paso y contempló su obra.

—¿Qué pasa?... —se asustó Giovanni—. Estás llorando.

—Es que... Soy una tonta...

—Andrea..., mi chiquilla... —Giovanni la tomó con delicadeza por los codos.

Ella procuró mirarlo pero su ojo derecho pugnaba obstinadamente por cerrarse.

—¿Qué te pasó? —dijo Giovanni.

—Nada... Nada... El tallo de la flor... —Andrea parpadeaba velozmente.

—¿Qué...?

—Fue sin querer, no fue tu culpa...

—¡Por Dios! ¡Qué torpe he sido!

—No digas eso, no te castigues. Fui yo, que me moví sin quererlo...

—Lo tienes muy colorado. Déjame verlo —Giovanni le tomó la cara con ambas manos y la acercó a la suya—. ¡No me lo perdonaré jamás!

—No ha sido tu culpa. Te aseguro que no es nada —procuró sonreír ella en tanto meneaba un poco la cabeza intentando dejar de lagrimear, sintiendo inútiles las manos, sin saber dónde ponerlas, cautivada por la cercanía cómplice de Giovanni.

—¡No me perdonaría nunca si, por mi estupidez, perdieses uno de tus hermosos ojos, Andrea! ¡Si tuvieses que usar uno de esos horribles parches negros, o un puñado de estopa en la vacía cuenca de tu rostro! —casi tembló Giovanni.

—Oh... ¡Qué tonto eres! —sonrió ella—. Ya no me molesta.

Se quedaron un instante así, una eternidad para ambos. Ella había decidido apoyar sus manos, sus puños, sobre el cinturón de él, y él continuaba ciñendo el rostro de ella entre sus manos. Ambas narices distaban apenas pocos centímetros una de otra y podían percibir mutuamente el regocijante aroma joven y fragante de sus cuerpos.

—Andrea... —musitó Giovanni, hipnotizado por la frescura tersa de los labios de ella.

—Giovanni —susurró ella— ...te está saliendo sangre.

—¿No digas? —pareció fastidiarse Giovanni—. ¿De nuevo?

Se palpó sobre los labios y percibió en las yemas de sus dedos el contacto tibio de la sangre.

—Déjame que te limpie —Andrea buscó un pañuelo entre sus ropas.

—No. No ensucies tu pañuelo —dijo él, elevando la cabeza hasta quedar mirando al cielo. La sangre, escapando entre los dedos de su mano derecha, bajaba en un hilo por su cuello fuerte y se mezclaba con el vello del pecho—. ¿No tienes algodón, alguna venda, un coagulante, tal vez?

—En casa.

Giovanni sacudió la cabeza, consciente de que se hallaban a unos veinte kilómetros de Farrugia.

—Espera —dijo ella, de pronto, buscando algo en el suelo.

—¡Qué hermoso cielo...! —suspiró Giovanni, los ojos claros clavados obligadamente en el bajorrelieve de las nubes—. Mira, Andrea... ¿No te recuerda a aquellos cielos que veíamos en las láminas que en el colegio nos mostraba la señorita Assunta?

Andrea no pareció escucharlo.

—Acércate, déjame ver tu nariz... —dijo, en cambio, volviendo junto a Giovanni. Tomando la bella cabeza del muchacho por la nuca con su mano izquierda, Andrea le introdujo en la fosa nasal una bolilla de barro oscuro y denso.

—Cuando seque... —le explicó— formará un tapón firme y seguro.

Aquellos ligeros y titubeantes contactos físicos les habían brindado tanta perturbación como cercanía. Giovanni, temeroso primero, más confiado después, tornó a caminar, bajando la cabeza. La había tomado por la cintura breve y ella lo dejó hacer. Treparon lentamente, entonces, hacia la cima de la colina, embelesados por la mutua compañía, por el ruido muelle de sus pies hendiendo los pastos altos, por el apenas cálido viento que les tocaba las mejillas. Cuando llegaron a lo alto, se sentaron sobre una piedra plana.

Mirando hacia abajo se veía el valle del Trébbia, el brillo maravilloso del río herido por el sol tangencial, los prados que bordeaban el camino a Rapallo y las fincas sembradas que preanunciaban las primeras casas blancas de Reggio Della Vercelli. A lo lejos, podían divisar los tejados rojos y ocres de Ferramonti, el campanario de la iglesia, y por un momento, el viento les trajo el canto diáfano de un labriego. No obstante, ellos tenían ojos sólo el uno para el otro, y a Giovanni, el corazón amenazaba con escapársele del pecho.

—Es asombroso lo que lograste hacer con ese pequeño bolillo de barro —logró decir, superando la repentina sequedad de su garganta—. ¿Eres alfarera?

Andrea sonrió, sin contestar. Giovanni le tomó el rostro con ambas manos y lo acercó al suyo. Tuvo la embriagadora certeza de que nada ni nadie podría impedírselo ahora. Fue un intento torpe, inarmónico, un inepto ensayo ungido entre la urgencia de él y la rigidez de ella, un fugaz desacople de dos voluntades inexpertas tanteando en la unción de los ojos cerrados. El áspero y duro escozor depositado sobre los labios de Giovanni le dijo, tras aquella exaltación efímera, que lo que había besado era una rodilla.

—Fue muy hermoso —musitó ella, como en trance.

Giovanni acomodó mejor su cuerpo y la cabeza blonda de Andrea quedó en el propicio hueco de su hombro.

—Andrea... —dijo.

—Giovanni... —abrió los ojos ella— ...te sale sangre...

Un juramento escapó de los labios ávidos del muchacho. Se tocó la nariz.

—Deja, deja, no tiene importancia... —urgió.

—Es que me impresiona...

—No quiero impresionarte, Andrea. Me sucede a menudo. Es algo tan común para mí, como comer o dormir. Mis padres suelen reprocharme cuando no sangro. Dicen que cura y renueva la sangre...

—Espera... espera... —pidió ella, y con gesto suave pero convincente lo empujó hacia atrás—. Recuéstate en el pasto un momento, apoya tu cabeza sobre el suelo, te hará bien. No quiero verte así, has manchado tu camisa recién lavada...

El tono dulce de ella controló a Giovanni, tendido cara al cielo sobre la hierba fragante. Cerró los ojos y esperó. Escuchó los pasos de ella, alejándose.

—Buscaré algo para ti... —le oyó decir. Giovanni abrió los ojos y volvió a conmoverse ante la cotidiana maravilla del cielo en primavera.

—¡Andrea! —llamó—. ¡Andrea!

—¿Quién? ¿Quién me llama?

—Soy yo, pequeña, Giovanni... ¿Quién pensabas que podía ser?

—Es que no reconocí tu voz —se disculpó ella, acercándose.

—Ocurre que me estoy tapando la nariz con los dedos.

—Es eso. Por un momento pensé que tío Augusto nos había seguido hasta aquí.

Poco tiempo más buscó Andrea entre las hierbas, luego se acercó a Giovanni nuevamente. Éste mostraba una expresión de dolor en el rostro.

—Giovanni..., ¿qué te ocurre?

—La espalda... Me he acostado sobre una zarza...

—Oh... ¡No me lo digas! ¡Ha sido mi culpa!

Andrea lo ayudó a incorporarse. Giovanni procuraba no quejarse pero su cara se desfiguró en mil y un visajes de estremecimiento contenido que lo llevaban a abrir la boca como un poseso y reprimir un alarido. No le fue fácil a Andrea levantarlo del suelo, donde la crueldad silvestre de montones de filosas púas procuraban retenerlo perforando la tela de su camisa e hiriendo la carne joven y torturada. Sin hablar, pero casi al borde del llanto, Andrea fue quitando una a una las agujas y el dolor de Giovanni era su propio dolor en cada espasmo.

—Fue mi culpa, fue mi culpa —gimoteó, al fin, cuando pudo enfrentar la mirada aliviada del muchacho.

—No te culpes —la tranquilizó éste, empapado en transpiración, la pechera de su camisa tinta en sangre, el barro disuelto sobre su labio superior, hebras de pasto seco y abrojos prendidos en el cabello rubio—. Fui yo quien no tuvo cuidado al posarse en el suelo. Me ocurre muy a menudo. Un día dormí una siesta sobre un hormiguero.

Ambos sonrieron primero, para reír luego. Giovanni se solazó del acierto de su recuerdo.

—De veras —remarcó su logro—. Dormí toda una siesta sobre un hormiguero.

Rieron abiertamente con la franqueza de los adolescentes. Y se abrazaron, lo que provocó un respingo en Giovanni, al pasar Andrea sus brazos por el sector de la espalda flagelada por la zarza.

—Oh... ¡Perdóname!

Giovanni, esta vez, no contestó. Fijos sus ojos en los ojos de ella, la fue conduciendo hasta la piedra plana, donde volvieron a sentarse. Andrea había logrado contener el hilo de sangre que escapaba de la nariz de Giovanni introduciendo en ella una ramita del mismo diámetro de la fosa nasal. Ahora, Giovanni irradiaba una extraña y selvática belleza, nimbada de luz su cabellera despeinada, restallantes de amor sus ojos claros y asomando sobre el bozo, la sombra adivinada del bigote ámbar, esa ramita de quinoto, casi en brote.

Giovanni debió enseñarle todo, desde el exacto quiebre de la cintura que permitiera a ella ofrecerle la turgencia ubérrima de sus labios, hasta la posición justa de los brazos para que ni codos ni clavículas interfirieran el exacto punto de encuentro de ambas bocas. No era mucha la experiencia que él tenía, pero el haber transportado cierto día, por dos cuadras, un maniquí de su abuelo, el sastre, le confería cierto conocimiento del tema, una ligera familiaridad con la cercanía de otro cuerpo.

Fue un vértigo, un oscilar, un balanceado éxtasis enceguecedor que los llevó a ceñirse, a estrujarse, a inclinarse y a caer tumultuosamente por la abrupta ladera de la montaña, largamente, rebotando como muñecos inanimados, procurando aferrarse a matas o salientes, unos quinientos metros, hasta detenerse ambos, magullados, sangrantes las rodillas y los codos, irreconocibles por la tierra, junto a las riberas del Trébbia.

Se pusieron de pie y, con gestos de autómatas, en silencio, se sacudieron las ropas procurando quitar ortigas y peñascos. Giovanni había perdido sus zapatos y Andrea se pasaba lentamente saliva por un codo. Rengueando, ella comenzó a caminar hacia Farrugia. Giovanni se quedó mirándola, chorreante de nuevo la sangre sobre su pecho. A unos cincuenta metros más allá, ella se dio vuelta y dibujó un saludo con la mano. Giovanni se quedó un rato mirándola alejarse y luego comenzó a caminar lentamente hacia Vincenza. Sabía que el domingo siguiente volvería a verla.

Desayuno

Julio Cortázar

De la obra *Último round*

Lo primero que hago al despertarme es correr al cuarto de mamá y darle los buenos días mientras la beso tiernamente en ambas mejillas.

—Buenos días, hermanito —le digo.

—Buenos días, doctor —me contesta mientras se peina.

Quizá convenga señalar desde ahora que tengo siete años y medio y que estudio solfeo cantado con mi tía Berta.

—Buenos días, sobrina —digo al entrar en la pieza donde papá empolla sus reumatismos.

—Buenos días, mi querida —dice papá.

Agrego, con fines de información, que soy un varoncito pelirrojo y sumamente desenvuelto.

Después de sus abluciones, la familia se reúne en torno al pan con manteca y al *Figaro*, y siempre soy el primero en dar los buenos días a mi hermano mayor que prepara ya su buena tajada de pan con dulce.

—Buenos días, mamá —le digo.

—Buenos días, Medor —me dice.

—¡Cucha! —la familia se va reuniendo para saborear el café con leche preparado por mi abuelito con su esmero habitual. Precisamente por eso no me olvido jamás de mostrarle mi agradecimiento en estas circunstancias.

—Muchas gracias, Olivia —le digo.

—Oh, de nada, hermana —contesta mi abuelito.

Estas tiernas efusiones son siempre malogradas por la intempestiva llegada del cartero con el telegrama del tío Gustavo, cultivador en Tananarive, y a mi hermano mayor le toca encargarse de la penosa lectura:

"CAÑA AZÚCAR ARRUINADA TIFÓN MÓNICA STOP ¿QUÉ VA A SER DE MÍ? STOP MIERDA STOP".

El telegrama no está firmado, los de la familia nos conocemos bien.

—Era de imaginarse —dice mamá, que se ha puesto a lloriquear.

—Con ese pésimo carácter que tiene —observa el doctor.

—Chicos, cállense la boca —dice mi hermano mayor.

—Somos chicos, pero lo mismo el tío Gustavo es un pajarón —dice mi hermana.

—¡Medor, cucha! —ordena mamá.

—¿Puedo dar mi opinión? —dice Olivia.

—Pero por supuesto, abuelito —dice mi hermana.

—¿Te vas a callar sí o no? —grita mi hermano mayor.

¿Es así como se le habla a su madre? —dice mi sobrina.

—Perdón, mamá —dice mamá.

—Hipócrita —digo yo.

—Por favor, doctor —dice mi hermano.

—Mi opinión —dice Olivia— es que el café se va a enfriar por culpa del telegrama.

—Tiene razón —dice Medor.

—Gracias, abuelito —dice mi sobrina.

—De nada, Víctor —dice Olivia.

Al nacer el día

Italo Calvino

De la obra *Memorias del mundo y otras cosmicómicas*

Los planetas del sistema solar, explica G. P. Kuiper, comenzaron a solidificarse en las tinieblas por la condensación de una nebulosa fluida e informe. Todo estaba frío y oscuro. Más tarde el Sol empezó a concentrarse hasta reducirse casi a las dimensiones actuales, y en ese esfuerzo la temperatura subió a miles de grados y empezó a emitir radiaciones en el espacio.

Estaba oscuro como la pez —confirmó el viejo Qfwfq—, yo era pequeño todavía, apenas lo recuerdo. Estábamos allí, como de costumbre, con papá y mamá, la abuela Bb'b, unos tíos que habían venido de visita, el señor Hnw, aquel que después se convirtió en caballo, y nosotros los niños. Sobre las nébulas, me parece que ya lo he contado otras veces, estábamos como quien dice acostados, en fin, achatados, muy muy quietos, dejándonos llevar hacia donde girara. No es que estuviéramos tendidos fuera, comprendéis, en la superficie de la nébula; no, allí hacía demasiado frío; estábamos debajo, como encajados en un estrato de materia fluida y granulosa. Modo de calcular el tiempo no había; cada vez que nos poníamos a contar las vueltas de la nébula empezaban las discusiones, porque en la oscuridad no había puntos de referencia, y terminábamos peleando. Así que preferíamos dejar transcurrir los siglos como si fuesen minutos; no quedaba más que esperar, estar cubiertos mientras se pudiera, dormitar, llamarse de vez en cuando para tener la seguridad de que estábamos todos allí, y —naturalmente— rascarse; porque por mucho que se diga, todo aquel remolino de partículas el único efecto que producía era una picazón molesta.

Qué esperábamos, nadie hubiera podido decirlo; la abuela Bb'b, claro está, se acordaba todavía de cuando la materia estaba uniformemente dispersa en el espacio, y el calor, y la luz; con todas las exageraciones que habría en aquellas historias de los viejos, los tiempos habían sido en cierto modo mejores, o por lo menos diferentes, se trataba para nosotros de dejar pasar aquella enorme noche.

La que se encontraba mejor que nadie era mi hermana G'd $(w)^n$ por su carácter introvertido: era una chica huraña y le gustaba la oscuridad. G'd $(w)^n$ elegía lugares un poco apartados, en el borde de la nébula, y contemplaba lo negro, y dejaba escurrir las motas de polvillo en pequeñas cascadas, y hablaba para sí con risitas que eran como pequeñas cascadas de polvillo, y canturreaba, y se abandonaba —dormida o despierta— a sus sueños. No eran sueños como los nuestros —en medio de la oscuridad nosotros soñábamos otra oscuridad porque no se nos ocurría otra cosa—; ella soñaba —por lo que podíamos entender de su desvarío— con una oscuridad más profunda y diversa y aterciopelada.

Mi padre fue el primero en advertir que algo estaba cambiando. Yo dormitaba y su grito me despertó:

—¡Atención! ¡Aquí hago pie!

Debajo de nosotros la materia de la nébula, que siempre había sido fluida, empezaba a condensarse.

En realidad, desde hacía algunas horas mi madre había empezado a revolverse, a decir: "¡Uf, no sé de qué lado ponerme!", en fin, que según ella había sentido un cambio en el lugar donde estaba acostada: el polvillo ya no era el de antes, suave, elástico, uniforme, en el que uno podía arrebujarse cuanto quería sin dejar huellas, sino que se iba formando una especie de hondonada o hundimiento, sobre todo allí donde ella solía apoyarse con todo su peso. Y le parecía sentir allí debajo algo como muchos gránulos o espesamientos o protuberancias, que quizás estuvieran sepultos cientos de kilómetros más abajo y pujaran a través de todos aquellos estratos de polvillo tierno. No es que habitualmente hiciéramos mucho caso de estas premoniciones de mi madre; pobrecita, para una hipersensible como ella y ya bastante entrada en años, la manera de estar de entonces no era la más indicada para los nervios.

Y después fue mi hermano Rwzfs, que por aquel tiempo era pequeño, el que en cierto momento, sintiendo, ¿qué sé yo?, que tiraba, cavaba, en fin, que se agitaba, le pregunté:

—¿Pero qué haces?

Y él me dijo:

—Juego.

—¿Juegas? ¿Y con qué?

—Con una cosa —dijo.

¿Comprendéis? Era la primera vez. Cosas con que jugar nunca las había habido. ¿Y cómo queréis que jugáramos? ¿Con aquella papilla de materia gaseosa? Vaya diversión; eso estaba bien para mi hermana G'd $(w)^n$, y gracias. Si Rwzfs jugaba era señal de que había encontrado algo nuevo; tanto que en seguida se dijo, en una de sus habituales exageraciones, que había encontrado un guijarro. Guijarro no, pero seguramente un conjunto de materia más sólida o —digamos— menos gaseosa. Sobre este punto él nunca fue preciso, incluso contó las patrañas que se le antojaban, y cuando llegó la época en que se formó el níquel y sólo se hablaba de níquel, dijo: "¡Eso, era níquel, yo jugaba con níquel!", por lo cual le quedó el sobrenombre "Rwzfs de níquel". (No como dicen ahora algunos, que lo llamamos así porque se volvió de níquel al no conseguir, siendo lento, salir del estado mineral; las cosas son diferentes, lo digo por amor a la verdad, no porque se trate de mi hermano; siempre había sido un poco lento, eso sí, pero no de tipo metálico, sino más bien coloidal, tanto que siendo todavía muy joven se casó con un alga, una de las primeras, y no se supo más de él).

En una palabra, al parecer todos habían sentido algo menos yo. Será que soy distraído. Oí —no recuerdo si durante el sueño o ya despierto— la exclamación de nuestro padre: "¡Aquí se hace pie!", una expresión sin significado (porque hasta entonces nadie había hecho pie nunca en nada, podéis estar seguros), pero que adquirió un significado en el mismo instante en que fue dicha, esto es, significó la sensación que empezábamos a experimentar, levemente nauseabunda, como una charca de fango que nos pasara debajo, de plano, y sobre la cual nos parecía que rebotábamos. Y yo dije, con tono reprobatorio.

—¡Oh, abuela!

Me he preguntado muchas veces por qué mi primera reacción fue tomarla con nuestra abuela. La abuela Bb'b, que había conservado sus costumbres de otros tiempos, solía tener salidas fuera de lugar: seguía creyendo que la materia estaba en expansión uniforme y, por ejemplo, que bastaba arrojar las basuras de cualquier manera para que se enrarecieran y desapareciesen a lo lejos. Que el proceso de condensación hubiese comenzado hacía tiempo, es decir, que la suciedad se espesase en las partículas de modo que no consiguiéramos quitarlas de alrededor no le entraba en la cabeza. Por eso yo oscuramente relacioné aquel hecho nuevo del "¡Se hace pie!" con algún error que podría haber cometido mi abuela y lancé esa exclamación.

Y entonces la abuela Bb'b:

—¿Qué? ¿Encontraste la rosca?

Esta rosca era un pequeño elipsoide de materia galáctica que la abuela había descubierto quién sabe dónde en los primeros cataclismos del universo y que había llevado siempre consigo para sentarse encima. En cierto momento, en la gran noche, se había perdido, y mi abuela me acusaba de habérsela escondido. Porque era cierto que yo siempre había odiado aquella rosca, tan sin gracia y fuera de lugar en nuestra nébula, pero todo lo que podía reprochárseme es que no la hubiese vigilado constantemente, como pretendía mi abuela.

Incluso mi padre, que era muy respetuoso con ella, no pudo menos que hacérselo notar:

—¡Vamos, mamá, aquí está ocurriendo quién sabe qué, y usted me sale con la rosca!

—¡Ah, ya decía yo que no podía dormir! —me dijo mi madre: otra observación poco oportuna.

En ese momento se oyó un gran: "¡Puaj! ¡Puaj! ¡Sgrr!" y comprendimos que al señor Hnw le ocurría algo: escupía y expectoraba a todo trapo.

—¡Señor Hnw! ¡Señor Hnw! ¡No se deje hundir! ¿Dónde ha ido a parar? —empezó a decir mi padre, y en aquellas tinieblas todavía sin resquicio, a tientas, conseguimos atraparlo y alzarlo a la superficie de la nébula para que recobrase el aliento. Lo tendimos sobre el estrato exterior, que iba adquiriendo entonces una consistencia coagulada y resbalosa.

—¡Uaj! ¡Esa cosa se te pega encima! —trataba de decir el señor Hnw, cuya capacidad para expresarse nunca había sido muy notable—. ¡Uno baja, baja y traga! ¡Scraj! —y escupía.

La novedad era ésta: ahora el que en la nébula no estaba atento se hundía. Mi madre, con ese instinto de las madres, fue la primera en comprenderlo y gritó:

—Niños, ¿estáis todos? ¿Dónde estáis?

En realidad éramos un poco distraídos, y mientras que antes todo se había mantenido durante siglos regularmente, y siempre nos preocupábamos de no dispersarnos, ahora ni se nos ocurría.

—Calma, calma. Que nadie se aleje —dijo mi padre—. ¡G'd $(w)^n$! ¿Dónde estás? ¿Y los mellizos? ¡Quien haya visto a los mellizos que lo diga!

Nadie contestó.

—¡Dios mío, se han perdido! —gritó nuestra madre. Mis hermanitos todavía no estaban en edad de saber transmitir un mensaje; por eso se perdían fácilmente y los vigilábamos continuamente.

—¡Voy a buscarlos! —dije.

—¡Sí, anda, bravo Qfwfq! —dijeron papá y mamá, y después, súbitamente arrepentidos—: ¡Pero si te alejas, te pierdes tú también! ¡Quédate aquí! Bueno, anda, pero avisa dónde estás: ¡silba!

Eché a andar en la oscuridad, en el pantano de aquella condensación de nébula, emitiendo un silbido continuo. Digo: andar, esto es, un modo de moverse en la superficie, inimaginable pocos minutos antes, y que entonces apenas si se podía decir porque la materia oponía tan poca resistencia que si no se prestaba atención, en vez de continuar sobre la superficie uno se hundía al sesgo o directamente en perpendicular y terminaba sepultado. Pero en cualquier dirección que se anduviera y en cualquier nivel, las probabilidades de encontrar a mis hermanitos eran las mismas: quién sabe dónde se habrían metido aquellos dos.

De pronto caí de bruces; como si me hubieran puesto —se diría hoy— una zancadilla. Era la primera vez que me caía, no sabía siquiera qué era ese "caerse", pero todavía estábamos sobre lo mullido y no me hice nada.

—No pisar aquí —dijo una voz—, Qfwfq, no quiero —era la voz de mi hermana G'd $(w)^n$.

—¿Por qué? ¿Qué hay ahí?

—Hice algo con algo... —dijo. Me llevó cierto tiempo entender, a tientas, que mi hermana, frangollando aquella especie de barro, había levantado una montañita toda de pináculos, almenas y agujas.

—¿Pero qué estás haciendo?

G'd $(w)^n$ daba siempre respuestas sin ton ni son:

—Un fuera con un dentro dentro. Tzlll, tzlll, tzlll...

Seguí mi camino a tumbos. Incluso tropecé con el consabido señor Hnw, que había terminado nuevamente de cabeza dentro de la materia en condensación.

—¡Arriba, señor Hnw, señor Hnw! ¿Es posible que no consiga tenerse en pie? —y tuve que ayudarlo de nuevo a salir, esta vez con un empujón de abajo arriba, porque yo también estaba completamente inmerso.

El señor Hnw, tosiendo, resoplando y estornudando (hacía un frío glacial jamás visto), desembocó en la superficie justo en el punto donde estaba sentada la abuela Bb'b. La abuela voló por los aires y de pronto gritó:

—¡Mis nietos! ¡Han vuelto mis nietos!

—¡Pero no, mamá, es el señor Hnw! —no se entendía nada.

—¿Y mis nietos?

—¡Aquí están! —grité—, ¡y aquí está también la rosca!

Los mellizos se habían fabricado tiempo atrás un escondrijo secreto en el espesor de la nébula, y ellos eran los que habían ocultado allí la rosca para jugar. Mientras la materia era fluida, suspendidos en el medio podían dar saltos mortales a través de la rosca, pero ahora estaban prisioneros en una especie de requesón espumoso: el agujero de la rosca estaba tapado y se sentían comprimidos por todas partes.

—¡Agarraos a la rosca —traté de hacerles entender—, que os saco fuera, bobos! —tiré, tiré, y en cierto momento, antes de que pudieran darse cuenta, estaban haciendo cabriolas en la superficie, ahora cubierta de una película fina como una costra de clara de huevo. En cambio la rosca, apenas fuera, se disolvió. Vaya uno a saber qué clase de fenómenos se producían en aquellos tiempos; y quién se los va a explicar a la abuela Bb'b.

Justo en ese momento, como si no pudieran elegir otro mejor, los tíos se levantaron lentamente y dijeron:

—Bueno, se ha hecho tarde, quién sabe en qué andarán nuestros niños, estamos un poco inquietos, ha sido un gusto veros, pero es mejor que nos vayamos.

No se puede decir que se equivocaran; incluso hubiera sido lógico que se alarmaran y saliesen corriendo antes, pero estos tíos, quizá por el lugar a trasmano donde vivían habitualmente, eran gente un poco desmañada. Tal vez habían estado como sobre ascuas hasta ese momento y no se atrevían a decirlo.

Mi padre dice:

—Si queréis iros, no os retendré, pero pensad bien si no es mejor esperar a que se aclare un poco la situación, porque por el momento no se sabe con qué peligro puede uno toparse —en una palabra, frases muy sensatas.

Pero ellos:

—No, no, gracias por preocuparte, la charla ha sido agradable pero no molestamos más —y otras tonterías por el estilo. En fin, no es que nosotros entendiéramos mucho, pero ellos realmente no se daban cuenta de nada.

Estos tíos eran tres, para ser exactos: una tía y dos tíos, los tres muy muy largos y prácticamente idénticos;

nunca se entendió bien quién de ellos era marido o hermano de quién, ni tampoco cuál era exactamente su relación de parentesco con nosotros: en aquellos tiempos muchas eran las cosas que se mantenían confusas.

Los tíos empezaron a irse uno por uno, cada cual en una dirección diferente, hacia el cielo negro, y de vez en cuando, como para mantener el contacto, exclamaban: "¡O! ¡O!". Y todo lo hacían así: no eran capaces de proceder con un mínimo de método.

Apenas se habían marchado los tres y sus "¡O! ¡O!" ya se oían desde puntos lejanísimos, cuando debían estar todavía ahí, a unos pocos pasos. Y se oyeron también algunas exclamaciones que no sabíamos qué querían decir:

—¡Pero aquí hay el vacío!

—¡Pero por aquí no se puede pasar!

—¿Y por qué no vienes aquí?

—¿Y dónde estás?

—¡Salta, hombre!

—¿Y qué es lo que salto, a ver?

—¡Desde aquí se vuelve atrás!

En fin, no se entendía nada, salvo el hecho de que entre nosotros y aquellos tíos se iban abriendo enormes distancias.

La tía, que había sido la última en marcharse, se desgañitaba en un discurso más razonado:

—Y ahora yo me quedo sola encima de esta cosa que se ha separado...

Y las voces de los tíos, debilitadas ya por la distancia, que repetían:

—Tonta... Tonta... Tonta...

Escrutábamos aquella oscuridad atravesada de voces, cuando se produjo el cambio: el único verdadero gran cambio al que me ha sido dado asistir, en comparación con el cual el resto no es nada. En resumen: eso que empezó en el horizonte, esa vibración que no se parecía a lo que entonces llamábamos sonidos, ni a las nombradas ahora con el "¡Se hace pie!", ni a otras; una especie de ebullición seguramente lejana y que al mismo tiempo acercaba lo que estaba cerca; en fin: de pronto toda la oscuridad fue oscuridad en contraste con otra cosa que no era oscuridad, es decir, la luz. Apenas se pudo hacer un examen más detenido del estado de cosas, resultó que había: primero, el cielo oscuro como siempre pero que empezaba a no serlo; segundo, la superficie en que nos hallábamos, toda gibosa y encostrada, de un hielo sucio que daba asco y que iba derritiéndose rápidamente porque la temperatura subía a todo vapor; y tercero, aquello que después llamaríamos una fuente de luz, es decir, una masa que se iba poniendo incandescente, separada de nosotros por un enorme espacio vacío, y que parecía probar uno por uno todos los colores en vibraciones tornasoladas. Y además: allí en mitad del cielo, entre nosotros y la masa incandescente, un par de islotes iluminados y vagos que giraban en el vacío llevando encima a nuestros tíos y a otras gentes, reducidos a sombras lejanas y que emitían una especie de gañido.

Lo más, entonces, estaba hecho: el corazón de la nébula, al contraerse, había desarrollado calor y luz, y ahora había el Sol. Todo el resto seguía rodando alrededor, dividido y agrumado en varios trozos: Mercurio, Venus, la Tierra, otros más allá, y lo que estaba, estaba. Y sobre todo hacía un calor de reventar.

Nosotros, allí, con la boca abierta, de pie, menos el señor Hnw, que seguía a cuatro patas, por prudencia. Y mi abuela, riéndose. Ya lo dije: la abuela Bb'b era de la época de la luminosidad difusa, y durante todo aquel tiempo oscuro había seguido hablando como si de un momento a otro las cosas tuvieran que volver a ser como antes. En ese momento le parecía que había llegado su hora; durante un instante quiso hacerse la indiferente, la persona para la cual todo lo que sucede es perfectamente natural; después, como no le hacíamos caso, empezó a reírse y a apostrofarnos:

—Ignorantes... Más que ignorantes...

Pero no era de buena fe, a menos que la memoria ya no le funcionase tan bien. Mi padre, a juzgar por lo poco que entendía, le dijo, siempre con cautela:

—Mamá, ya sé en qué está pensando, pero éste parece realmente un fenómeno diferente... —y señalando el suelo—: ¡Mirad abajo! —exclamó.

Bajamos los ojos. La Tierra que nos sostenía aún era un amasijo gelatinoso, diáfano, que se iba poniendo cada vez más sólido y opaco, empezando por el centro, donde iba espesándose una especie de yema de huevo; pero nuestras miradas conseguían todavía atravesarla de lado a lado, iluminada por aquel Sol primero. Y en mi tad de esa especie de burbuja transparente veíamos una sombra que se movía como nadando y volando. Y nuestra madre dijo:

—¡Hija mía!

Todos reconocimos a G'd $(w)^n$: espantada quizá por el incendio del Sol, en un arrebato de su alma esquiva se había precipitado dentro de la materia de la Tierra en condensación, y ahora trataba de abrirse paso en la profundidad del planeta, y parecía una mariposa de oro y plata cada vez que pasaba por una zona todavía iluminada y diáfana, o bien desaparecía en la esfera de sombra que se iba dilatando y dilatando.

—¡G'd $(w)^n$! ¡G'd $(w)^n$! —gritábamos, y nos arrojábamos al suelo tratando de abrirnos paso nosotros también para alcanzarla. Pero la superficie terrestre se iba cuajando en una corteza porosa, y mi hermano Rwzfs, que había conseguido hundir la cabeza en una grieta, por poco termina estrangulado.

Después no se le vio más: la zona sólida ocupaba ahora toda la parte central del planeta. Mi hermana había quedado del otro lado y no supe nada más de ella, si se había sepultado en la profundidad o se había puesto a salvo del otro lado, hasta que la encontré mucho después, en Camberra, en 1912, casada con un tal Sullivan, empleado ferroviario jubilado, tan cambiada que casi no la reconocí.

Nos incorporamos. El señor Hnw y la abuela estaban delante, llorando, envueltos en llamas azules y oro.

—¡Rwzfs! ¿Por qué le has prendido fuego a la abuela? —había empezado a gritar nuestro padre, pero al volverse hacia mi hermano vio que también él estaba envuelto en llamas. Y además, mi padre, y mi madre, y yo, todos ardíamos en el fuego. Es decir, nos ardíamos, estábamos inmersos en el fuego como en un bosque deslumbrante, las llamas se alzaban en toda la superficie del planeta, era un aire de fuego en el cual podíamos correr y suspendernos y volar, y entonces nos asaltó algo como una nueva alegría.

Las radiaciones del Sol iban quemando las envolturas de los planetas, hechas de helio y de hidrógeno; en el cielo, donde estaban nuestros tíos, giraban globos inflamados que arrastraban largas barbas de oro y turquesa, como el cometa su propia cola.

Volvió la oscuridad. Creíamos entonces que todo lo que podía suceder había sucedido, y:

—Esto sí que es el fin —dijo la abuela—, haced caso a los viejos.

Pero la Tierra apenas había dado una de sus vueltas habituales. Era la noche. Todo estaba apenas empezando.

Correspondencia

Woody Allen

De la obra *Cómo acabar de una vez por todas con la cultura*

Mi querido Vardebedian:

Hoy tuve el gran disgusto, al revisar mi correspondencia de esta mañana, de comprobar que mi carta del 16 de septiembre, que contenía mi vigésimo segundo movimiento (caballo cuatro rey), me había sido devuelta debido a un pequeño error en el sobre —precisamente, la omisión de su nombre y residencia (¿cuán freudiano puede uno llegar a ser?)—, amén de olvidar el sello. Nadie ignora que últimamente he estado un tanto desconcertado debido a una irregularidad en la Bolsa y, pese a que ese día, el 16 de septiembre, la culminación de una prolongada caída en espiral hizo volar las acciones de Antimateria Amalgamada de la tabla de cotizaciones y redujo de un solo golpe a mi agente de seguros a una auténtica piltrafa, no tengo excusas para mi negligencia y monumental ineptitud. Metí la pata. Perdóneme. El hecho de que usted no se percatara de que faltaba una carta indica igualmente cierto despiste por su parte, que yo, por la mía, atribuyo a su impaciencia, pero Dios sabe que todos cometemos errores. Así es la vida. Y el ajedrez.

Pues bien, aclarado el error, debo hacer una pequeña rectificación. Si usted tuviera la amabilidad de transferir mi caballo al cuarto escaque de su rey, pienso que podremos seguir adelante con nuestro pequeño juego de modo más exacto. El anuncio de jaque mate que usted me hiciera en su carta de hoy, creo que es, con toda honestidad, una falsa alarma, y si usted vuelve a examinar las posiciones a la luz del descubrimiento de esta mañana, se dará cuenta de que *su* rey es el que está próximo al mate, expuesto y sin defensas, un blanco inmóvil para mis alfiles depredadores. ¡Irónicas son las vicisitudes de esta pequeña guerra! El destino, oculto en alguna oficina de correos extraviada, crece omnipotente y —*voilà*— la suerte ha dado una voltereta. Una vez más, le ruego que acepte mis más sinceras excusas por este infortunado descuido y quedo, ansioso, a la espera de su próximo movimiento.

Le adjunto mi cuadragésimo quinto movimiento: mi caballo se come a su reina.

Atentamente,
Gossage

Gossage:

He recibido esta mañana su carta relativa al movimiento cuarenta y cinco (¿su caballo se come a mi reina?) y asimismo su prolongada explicación acerca de la elipsis de mediados de septiembre que sufriera su correspondencia. Veamos si lo comprendo correctamente: su caballo, al que yo retiré del tablero hace ya unas semanas, debería estar, según ahora afirma usted, en el cuarto escaque del rey a consecuencia de una carta perdida en correos hace veintitrés movimientos. No estaba al tanto de que hubiera ocurrido semejante percance y recuerdo perfectamente, cuando usted llevó a cabo el vigésimo segundo movimiento, que fue su torre seis reina la que luego quedó fuera de combate durante un gambito suyo que fracasó trágicamente.

En este momento, el cuarto escaque del rey está ocupado por *mi* torre y, como usted no tiene alfiles, pese a la carta perdida en correos, no alcanzo a comprender qué pieza piensa utilizar para comerse a mi reina. A lo que, creo, usted se refiere, dado que la mayoría de sus piezas están bloqueadas, es a solicitar que mueva su rey cuatro alfil (su única posibilidad), arreglo que me he tomado la libertad de hacer, por lo que contraataco en el movimiento de hoy, mi cuadragésimo sexto. Me como a su reina y dejo a su rey en jaque. Ahora su carta queda aclarada.

Pienso que los últimos movimientos del juego podrán llevarse a cabo con sobriedad y presteza.

Suyo,
Vardebedian

Vardebedian:

Acabo de leer su última nota, en la que me comunica un estrambótico movimiento cuarenta y seis por el cual usted saca a mi reina de un escaque por el que desde hace once días no ha pasado. Por medio de un cálculo paciente, pienso que he encontrado la causa de su confusión y falta de comprensión de los hechos, sin embargo, evidentes. Que su torre esté en el cuarto escaque del rey es algo tan imposible como dos copos de nieve idénticos; si usted se remite al movimiento noveno del juego, comprobará que hace ya mucho tiempo que perdió la torre. Fue evidentemente aquella arriesgada operación suicida la que deshizo su frente de ataque y le costó *ambas* torres. ¿Qué hacen, pues, en el tablero en este momento?

Para su consideración, le ofrezco mi versión de lo sucedido: la intensidad de los intercambios salvajes y precipitados del vigésimo segundo movimiento lo dejaron en un estado de leve distracción, y en la ansiedad que sintió por mantenerse en sus cabales en ese momento, no se percató de que llegaba mi carta y, en cambio, movió sus piezas dos veces otorgándose de ese modo una ventaja injusta, ¿no le parece? Este incidente ya pertenece al pasado, y deshacer nuestros pasos sería tediosamente dificultoso, por no decir imposible. En consecuencia, considero que la mejor manera de rectificar todo este asunto es permitirme la oportunidad de hacer ahora dos movimientos consecutivos. Lo justo es lo justo.

Por tanto, en primer lugar, como su alfil con mi peón. Luego, como este movimiento deja a su reina sin protección, también se la como. Pienso que ahora podemos proceder con los últimos movimientos sin dificultades.

Atentamente,

Gossage

P. D.: Le adjunto un diagrama que muestra de forma exacta cómo está el tablero en este momento después de la última jugada. Como puede ver, su rey está atrapado, sin protección y solitario en el centro. Saludos.

G.

Gossage:

Ayer recibí su última carta y, pese a que era levemente incoherente, creo comprender el motivo de su devaneo. Después de haber estudiado el diagrama que adjunta, me resultó obvio que, en las últimas seis semanas, hemos estado jugando dos partidas de ajedrez absolutamente distintas (yo, de acuerdo con nuestra correspondencia; usted, según unas normas muy *sui generis* en lugar de hacerlo según el sistema racional adoptado por todos). El movimiento del rey, que supuestamente se extravió en correos, hubiera sido imposible en el vigésimo segundo movimiento, porque, en aquel momento, la pieza estaba en la esquina de la última fila, y el movimiento que usted describe lo hubiera enviado sobre la mesa del café, al lado del tablero.

En cuanto a permitirle llevar a cabo dos movimientos consecutivos para recuperar el que supuestamente se extravió en correos, sin duda es una broma por su parte, amigo mío. Aceptaré el primer movimiento (usted come mi alfil), pero no puedo permitir el segundo y, como es mi turno, contraataco comiéndome su reina con mi torre. El hecho de que usted me comunique que no tengo torre significa muy poco en la realidad, porque sólo necesito echar un vistazo al tablero para verlas vivas en plena batalla, rebosantes de astucia y vigor.

Por último, el diagrama que usted fantasea que es igual al tablero pone en evidencia que ha recibido mayor influencia de los Hermanos Marx que de Bobby Fisher y que, si bien es astuto, poco dice en su favor después de la lectura de *El ajedrez según Ninzowitsch* que usted se llevó de mi biblioteca el invierno pasado oculto debajo de su abrigo de alpaca. Le sugiero que estudie el diagrama que le adjunto y que reajuste su tablero según esas indicaciones; así, quizá, podamos terminar el juego con cierto grado de precisión.

Confío en usted,
Vardebedian

Vardebedian:

Sin intención de prolongar un asunto, ya de por sí confuso (sé que su reciente enfermedad ha dejado su estado de salud, por lo general robusto, un tanto debilitado, provocando a veces la pérdida de todo contacto con la realidad), debo aprovechar esta oportunidad para deshacer el sórdido laberinto de circunstancias antes de que progrese de forma irrevocable hacia una conclusión kafkiana.

De haber sabido que usted no era lo suficientemente caballero como para permitirme recuperar el segundo movimiento, no habría, en mi movimiento cuarenta y seis, permitido que mi peón se apoderara de su alfil. De hecho, según su propio diagrama, estas dos piezas están ubicadas de tal forma que lo hace imposible, obligados como estamos a las normas establecidas por la Federación Mundial de Ajedrez y no por la Comisión de Boxeo del Estado de Nueva York. Sin poner en duda que su intención fue constructiva al tomar mi reina, ahora afirmo que sólo se puede llegar al desastre cuando usted se arroga el poder arbitrario de la decisión y empieza a actuar como un dictador, enmascarando los errores tácticos con equívocos y agresiones (una costumbre que usted mismo condenó en nuestros líderes mundiales en su monografía "De Sade y la no violencia").

Por desgracia, ya que el juego se ha detenido, no me ha sido posible calcular con exactitud dónde debería colocar el alfil tomado por error; sugiero que lo dejemos en manos de los dioses: cierro los ojos y lo coloco sobre el tablero, si ambos aceptamos el lugar fortuito en que pueda aterrizar. Debo agregar un elemento vital a nuestro encuentro, mi movimiento cuarenta y siete: mi caballo se come a su alfil.

Atentamente,
Gossage

Gossage:

¡Qué extraña su última carta! Bienintencionada, concisa, y, sin embargo, con todos esos elementos que podrían pasar, en ciertos cenáculos intelectuales, por lo que Jean-Paul Sartre describió tan brillantemente como "la nada". A uno le embarga de inmediato una profunda sensación de desesperanza, algo así como los diarios de los exploradores moribundos y perdidos en el Polo, o las cartas de los soldados alemanes en Stalingrado. ¡Es fascinante comprobar hasta qué punto puede desintegrarse la razón cuando se enfrenta a una siniestra verdad ocasional y huye en desordenada retirada para mejor materializar un espejismo y construir defensas precarias contra el asalto de una realidad demasiado terrible!

Tal como están las cosas, amigo mío, acabo de pasar casi toda la semana intentando aclarar el ovillo de pretextos lunáticos que conforman su correspondencia en un esfuerzo por ajustar el asunto y lograr que nuestra partida finalice simplemente de una vez por todas. Su reina no existe. Dígale adiós. Lo mismo sucede con sus torres. Olvídese por completo de uno de los alfiles porque yo ya me lo comí. El otro está situado en una posición tan desoladora, lejano y ajeno a la acción principal, que no cuente con él, o se llevará un disgusto que le partirá el corazón.

En cuanto al caballo, que usted perdió sin solución pero que se niega a ceder, lo he colocado otra vez en la única posición concebible, permitiéndole de ese modo la más increíble de las heterodoxias desde que, hace ya tanto tiempo, los persas se sacaran de la manga este pequeño pasatiempo. Está en el séptimo escaque de mi alfil, y si usted, durante el tiempo suficiente, puede mantener en orden sus alteradas facultades, se percatará de que esta pieza codiciada bloquea ahora el único camino que tiene su rey para escapar a mi irresistible movimiento en forma de tenaza. ¡Qué ironía! ¡Su conspiración egoísta se ha resuelto en ventaja para mí! ¡El caballo, fascinado, regresa al campo de batalla y torpedea su final de partida!

Mi movimiento es alfil cinco caballo, y predigo jaque mate en un solo movimiento.

Cordialmente,
Vardebedian

Vardebedian:

Es obvio que la constante tensión nerviosa, además de su desgaste de energía en defender una serie de torpes y desesperanzadas posiciones de ajedrez, ha terminado por desbarajustar la delicada maquinaria de su aparato psíquico y ha hecho que su comprensión de los fenómenos externos sea en este momento un tanto lamentable. No queda otra alternativa para remover la tensión antes de que usted termine con una lesión permanente:

Caballo —¡sí, caballo!— seis reina. Jaque.

Gossage

Gossage:

Alfil cinco reina. Jaque mate.

Lamento que la competición haya sido demasiado difícil para usted, pero, si puede servirle de consuelo, le diré que, después de haber observado mi técnica, varios maestros locales de ajedrez han desistido de presentarme batalla. Si usted quiere una revancha, le sugiero que hagamos un intento con el Scrabble, un juego en el que me intereso desde hace poco y que, espero, no suscite tantas protestas.

Vardebedian

Vardebedian:

Torre ocho caballo. Jaque mate.

En vez de atormentarlo con nuevos detalles acerca de mi jaque mate, como creo que es usted esencialmente un hombre honrado (algún día, alguna forma de terapia me dará la razón), acepto muy complacido su invitación para el Scrabble. Tenga listo su tablero. Ya que usted jugó blancas en ajedrez, y por lo tanto tuvo la ventaja del primer movimiento (de haber conocido sus limitaciones, le hubiera dado más satisfacciones), creo tener derecho al primer movimiento. Las siete letras que acabo de descubrir son O, A, E, J, N, R y Z (una mezcla sin futuro que debe garantizar, hasta al más suspicaz, la integridad de mi elección). Sin embargo, afortunadamente, un extenso vocabulario, unido a una cierta afición por lo esotérico, me han permitido poner un orden etimológico a lo que, a una persona menos culta, hubiera parecido un absurdo. Mi primera palabra es "ZANJERO". Búsquela en el diccionario. Ahora colóquela, horizontalmente, con la E en el cuadro del centro. Cuente con cuidado, sin olvidar la doble puntuación por ser el primer movimiento y el bono de cincuenta puntos que me corresponde por el uso de las siete letras. El marcador ahora está 116 a 0.

Su turno.

Gossage

La cena

Augusto Monterroso

De la obra *Cuentos, fábulas y lo demás es silencio*

Tuve un sueño. Estábamos en París participando en el Congreso Mundial de Escritores. Después de la última sesión, el 5 de junio, Alfredo Bryce Echenique nos había invitado a cenar en su departamento de 8 bis, 2° piso izquierda, *rue* Amyot, a Julio Ramón Ribeyro, Miguel Rojas-Mix, Franz Kafka, Bárbara Jacobs y yo. Como en cualquier gran ciudad, en París hay calles difíciles de encontrar; pero la *rue* Amyot es fácil si uno baja en la estación Monge del metro y después, como puede, pregunta por la *rue* Amyot.

A las diez de la noche, todavía con sol, nos encontrábamos ya todos reunidos, menos Franz, quien había dicho que antes de llegar pasaría a recoger una tortuga que deseaba obsequiarme en recuerdo de la rapidez con que el Congreso se había desarrollado.

Como a las once y cuarto telefoneó para decir que se hallaba en la estación Saint Germain de Prés y preguntó si Monge era hacia Fort d'Aubervilliers o hacia Mairie d'Ivry. Añadió que pensándolo bien hubiera sido mejor usar un taxi. A las doce llamó nuevamente para informar que ya había salido de Monge, pero que antes tomó la salida equivocada y que había tenido que subir 93 escalones para encontrarse al final con que las puertas de hierro plegadizas que dan a la calle Navarre estaban cerradas desde las ocho treinta, pero que había desandado el camino para salir por la escalera eléctrica y que ya venía con la tortuga, a la que estaba dando agua en un café, a tres cuadras de nosotros. Nosotros bebíamos vino, whisky, Coca Cola y Perrier.

A la una llamó para pedir que lo disculpáramos, que había estado tocando en el número 8 y que nadie había abierto, que el teléfono desde el que hablaba estaba a una cuadra y que ya se había dado cuenta de que el número de la casa no era el 8 sino el 8 bis.

A las dos sonó el timbre de la puerta. El vecino de Bryce, que vive en el mismo 2° piso, derecha, no izquierda, dijo en bata y con cierta alarma que hacía unos minutos un señor había tocado insistentemente en su departamento; que cuando por fin le abrió, ese señor, apenado sin duda por su equivocación y por haberlo hecho levantar, inventó que en la calle tenía una tortuga; que había dicho que iba por ella, y que si lo conocíamos.

Formulario

Juan José Millás

De la obra *Algo que te concierne*

Estuve en Nueva York, adonde llegué tras rellenar, a falta de visado, un formulario verde en el que, entre otras cosas, se me preguntaba si padecía alguna enfermedad contagiosa, alguna deficiencia física o mental, o si había sido arrestado o condenado por dos o más infracciones cuya sentencia total de reclusión fuera igual o superior a cinco años. También tenían interés en saber si pretendía entrar en Estados Unidos para realizar actividades criminales o inmorales. Respondí que no a todo ello, lo mismo que a la pregunta sobre si había estado implicado en actos de espionaje o sabotaje, actividades terroristas o genocidios.

En el avión, cuando ya creía haber cumplido todos los requisitos de entrada, me dieron otro formulario, esta vez de color blanco, en el que tuve que declarar que no llevaba caracoles ni hortalizas. Llegué al hotel sobrecogido, pues nunca pude imaginar que entre la gente que viaja abundaran los criminales, los violadores, los espías y los genocidas, además de los pobres que padecen enfermedades contagiosas o deficiencias físicas o mentales.

Desde luego, lo que no me cabía en la cabeza es que nadie en su sano juicio viajara con caracoles en los bolsillos.

Como estaba cansado, me metí en la cama y encendí la televisión; estaban pasando ese vídeo en el que se ve a cuatro policías blancos apalear a un negro. Me pareció entender que le habían dado ochenta bastonazos en sesenta segundos, o al revés. También dijeron que los agresores habían sido absueltos. Entonces me acordé del cuestionario verde y comprendí que los americanos intenten defenderse de violadores, criminales, terroristas y saboteadores; lo que pasa es que, como sucede tantas veces, tienen dentro el enemigo que creen que viene de fuera. Lo que no he conseguido entender todavía es lo de los caracoles.

Las cosas que me preocupaban...

Daniel Samper Pizano

De la obra *¡Dejémonos de vainas!*

Las cosas que me preocupaban a los 5 años

¿Cómo amarrarse los zapatos?
¿Existe Supermán?
¿Cuál es la fórmula para no mojarse en la cama?
¿Por qué mi papá insiste en que no le deje el diente al Ratón Pérez debajo de la almohada sino encima de la mesa de noche?
¿Cuándo podré ir al colegio con pantalón largo?
¿Cómo hacer para no llorar si me regaña la profesora?
¿Cómo hacer para que no me vean llorar mis amigos si me regaña la profesora y lloro?
¿Cuándo dejará mi mamá de insistirme en que lleve el pelo largo? Si ella supiera lo que me molestan los de segundo...
Me pareció haber visto al Niño Dios cuando colocaba los regalos encima de mi cama en Navidad. Se parecía a mi papá en piyama.
¿Cómo hurgarse las narices sin que lo note Isabelita?
¿Existe el Coco?

¿Será posible botar la sopa de auyama al excusado sin que mamá se dé cuenta?
¿Cómo dar el paso de montar en triciclo a montar en bicicleta sin caerme?
¿Mi papá es más macho que el de Ricardo?
¿Será verdad que si uno le pega a la mamá se le cae la mano?

Las cosas que me preocupaban a los 10 años

¿Serán calvas las monjas?
¿Realmente por qué agujero nace el bebé?
¿Si un ratón se come una hostia, queda comulgado?
¿Quién es el más macho del curso?
¿Tendrá novio la profesora?
¿Si uno llega después del sermón, perdió la misa?
¿Es pecado mortal robar una caja de chicles en Carulla?
¿Será verdad que comer auyama lo hace a uno cuajado?
¿Qué es mejor: ser piloto o ser futbolista?
¿Estará mintiendo mi mamá cuando dice que si uno se come las uñas no puede casarse? Y si no es verdad, ¿cómo explicar la soltería de mi tío Arturo?
¿Cómo disimular el dolor de muela para que mi mamá no se dé cuenta?
¿Es cierto que meterse secantes entre los zapatos produce fiebre? ¿Será que si tengo fiebre mi mamá me da una excusa para no ir al examen?
Si los papás saben que uno sabe que ellos traen los regalos del Niño Dios, ¿desmejorarán los regalos?
¿Son combustibles los pedos?

¿Cómo se pone la boca para chiflar?
¿Cómo se hace el nudo de la corbata?
¿Cómo fumar y que no lo descubran?
¿Los besos preñan?
¿Cómo hacer para que me dejen entrar a películas para mayores de 15?

Las cosas que me preocupaban a los 15 años

¿Existe una fórmula efectiva para hacer salir bigote?
¿Es bueno o malo espicharse los barros?
¿Cómo hacen el amor las mirlas?
¿Exactamente de qué lado queda el apéndice?
¿Lo hará la profesora de inglés con el novio?
¿Usar medias blancas es de marica?
¿Cómo aprender a bailar amacizado?
¿Hay mucha diferencia entre fumar americano y fumar Pielroja?
¿Será posible cambiar de voz sin echar gallos?
¿Cuándo me dejarán sacar el carro del garaje?
¿Será cierto lo que dijo Rueda sobre la almidonada de las sábanas?
¿Cómo hacer para que me dejen entrar a ver películas para mayores de 18?
¿Es mejor echarles el cuento primero o de una vez cogerles la mano?
¿Qué tan charro es ir al cine en taxi con la novia?
¿Dónde consigo la plata para acompañar a Rueda y Mejía el próximo viernes a ese sitio que dicen conocer en

la 34? Y, si consigo la plata, ¿qué disculpa saco para no acompañarlos?
¿Será verdad que si uno le agrega un cero al teléfono que está marcando, no cuesta la llamada?

Las cosas que me preocupaban a los 20 años

¿Cómo lograr que mi papá me preste el carro el próximo sábado?

¿Cuándo es que es la previa de procesal civil?

¿Dónde conseguir camisas baratas?
Nemo ex alteira culpa pregravari debet?
Res inter allios acta alliis noque nocero noque prodesse potest?
Do ut des, do ut facies, facio ut des, facio ut facies?
¿Qué es bueno para el guayabo?
¿La evolución capitalista acabará por destruir los cimientos de la sociedad capitalista?
Cuando los hombres cobran conciencia del funcionamiento de los mecanismos económicos, ¿se niegan a seguir entregando su destino a las fuerzas ciegas del mercado y de las crisis?
¿Se ve obligado el proletariado, en cuanto proletariado, a suprimirse a sí mismo y a suprimir el término opuesto que le condiciona, que le hace ser proletariado?
¿Quién tiene una buena dieta para adelgazar sin dejar de comer?
¿La supresión de la alienación capitalista entraña *ipso facto* la supresión de todas las demás alienaciones derivadas?

¿Será que, a pesar de las apariencias del fenómeno contable, no es la plusvalía lo que el capitalista consume, sino su capital anterior, adelantado en el punto de partida y renovado por la plusvalía?
¿Cómo pedirlo?
El único camino por el que una organización social y un modo de producción que se corresponden ¿es acaso el desarrollo histórico de sus antagonismos inmanentes?
¿Qué dan hoy en el Olimpia?
¿Cómo quedó el clásico?
La clase proletaria, aunque fuese universal en su situación de negación sufrida, ¿no acabará por volverse particular al ponerse como clase dominante, aunque sea tan sólo en el breve intervalo de la dictadura del proletariado?
¿Dónde es la fiesta de este sábado?

Las cosas que me preocupaban a los 35 años

¿Será capaz el país de elegir otra vez a López?
¿El dolor en el pecho será gases o infarto?
¿Quién es Olivia Newton-John y dónde puedo conseguir un disco suyo para que lo traiga el Niño Dios?
¿Cómo dejar el cigarrillo?
¿Cuál será la dieta que permite adelgazar sin hacer gimnasia y sin dejar de comer?
¿Qué habría sido mejor: haber estudiado derecho o haber sido futbolista?
¿Qué ocurrió realmente el 9 de abril?
¿Dónde dan un buen matinal el domingo?

¿Serán cuentos lo del colesterol?
¿Cómo aprender a bailar suelto?
¿Sirve el Close Up contra el mal aliento?
¿Cómo no pedirlo?
¿Serán calvas las monjas?
¿Qué edad tendrá Yolanda Pulecio?
¿Cómo quedó el clásico?
¿Cómo convenzo a Daniel de que deje el diente al Ratón Pérez encima de la mesa de noche y no debajo de la almohada?
¿Cuántos años es que cumplo?
¿Existe una fórmula para impedir la caída del pelo?
¿A qué edad un viejo verde empieza a ser considerado viejo verde?
¿Si un ratón come una hostia, queda comulgado?

El alma en pena de Fiz Cotovelo

Wenceslao Fernández Flórez

De la obra *El bosque animado*

Esto ocurrió en aquellos años en que una gallina costaba dos pesetas y la fraga de Cecebre era más extensa y frondosa.

Xan de Malvís, más conocido por Fendetestas, pensó —una vez que llenaba de piñas un saco remendado— que aquella espesura podía muy bien albergar a un bandolero. No es que Xan de Malvís viese en tal detalle un complemento romántico de la hosca umbría; más bien apreció la inexistencia del bandido como una vacante que podía ser cubierta. Y se adjudicó la plaza.

Cuando Fendetestas abandonó sus tareas de jornalero en Armental para emprender la higiénica vida del ladrón de caminos, no disponía más que de un pistolón probado algunas veces en las reyertas de romería, y cuyo cañón, enmohecido y atado con cuerdas, parecía casi el cañón de un trabuco. Fendetestas llevó también a la fraga un ideal: robar la casa de algún cura. No hubo ni hay en el campo gallego un solo ladrón que no haya robado a un cura o soñado en robarle. Es un tópico de la profesión. Puede ocurrir —y hasta es frecuente— que los curas sean más pobres que los mismos labriegos, pero esto no librará a sus casas del asalto. Se ignora el espejismo o la voluptuosidad que incita a los ladrones a preferir estas empresas —acaso una reminiscencia de los tiempos del clero poderoso y feudal—, pero puede afirmarse que si desapareciesen súbitamente de Galicia todos los curas, todos los ladrones se encontrarían desconcertados y con la aprensión angustiosa de que se había acabado su misión en las aldeas.

Xan de Malvís pensó, naturalmente, en robar a un párroco, pero aplazó su proyecto para cuando hubiese adquirido cierta perfección en el oficio. Las primeras semanas las dedicó a desvalijar a los labriegos que volvían de vender ganado en las ferias. Se tiznaba grotescamente el rostro y aparecía en lo sumo de la corredoira dando brincos, apuntando con el pistolón y gritando, para amedrentar a sus víctimas.

—¡Alto, me caso en Soria!

Y no le iba mal. Apañó el primer mes dieciocho duros, más de lo que ganaba en un trimestre trabajando para los ladrones de Armental. Comía lo suficiente, dormía en una cueva arcillosa que iba dando, poco a poco, a su traje la dureza de una tabla, y entretenía sus largos ocios haciendo trampas para pájaros. Por las noches miraba largamente la luna, oía los perros de las aldeas, rezaba un padrenuestro y resbalaba hasta el sueño pensando: "El día que me resuelva a robar en la casa del cura...".

Verdaderamente, no le iba mal. Pero una noche en que la inquietud le había arrojado de su guarida llevándole a vagar cautelosamente por lo más intrincado de la fraga, tuvo una visión que le llenó de pavura. Por entre robles y castaños, siguiendo las sinuosidades de una vereda casi cubierta por los tojos, vio avanzar un fantasma. Era un fantasma enteramente igual a cualquier otro fantasma aldeano. Venía envuelto en una blanca sábana, traía una luz sobre la cabeza y arrastraba unas cadenas que chirriaban al rozar con los pedruscos del camino. Xan de Malvís se había disfrazado demasiadas veces de espectro en sus aventuras amorosas para no comprender que aquélla era una auténtica alma en pena. Tan asustado quedó, que ni habla tuvo para conjurar la aparición inesperada. Corrió hacia su cueva, arañándose en las zarzas, y no concilió el sueño hasta el amanecer.

Dos noches después casi tropezó con el mismo fantasma, junto a las rocas cubiertas de musgo que amparaban su guarida.

—¡Jesús, María, José! —exclamó entonces, santiguándose—. ¿Quién eres y qué quieres de mí?

Y el fantasma habló con la voz afligida, un poco en falsete, de todos los fantasmas:

—Soy el ánima de Fiz Cotovelo, el de Cecebre, que anda penando por estos caminos.

—¿Quieres unas misas? —preguntó resueltamente Fendetestas, como si las llevase él en el bolsillo.

—Nunca vienen mal —parece que respondió el fantasma—. Pero si me ves así es porque hice en vida la promesa de ir a San Andrés de Teixido y no la cumplí, y ahora necesito que un cristiano vaya descalzo y peregrinando en mi lugar, y que lleve una vela tan alta como yo he sido.

Xan de Malvís se rascó la cabeza, donde si algunos pelos se habían tranquilizado, otros seguían erizados aún. Balbució:

—Pues... yo bien iría...; pero, la verdad, no me conviene mucho ni creo que me dejasen llegar muy lejos.

El espectro lanzó un largo gemido que hizo que se volviesen a poner de punta aquellos pelos ya sosegados de Malvís, y siguió arrastrando sus cadenas.

—Rezaré por ti —ofreció Fendetestas.

Desde entonces el bandido pudo saber perfectamente cuándo eran las doce en punto de la noche. Sólo con asomarse a su cueva veía pasar la aparición, gimiendo y ululando, y aun sin asomarse, oía el ruido de las cadenas. Como lo habitual pierde emoción y Malvís era un hombre valiente, concluyó por familiarizarse con la presencia del fantasma. Muchas noches, sintiendo exacerbada en su soledad el ansia de echar un párrafo con alguien, esperaba, sentado en las piedras musgosas, al espíritu de Fiz Cotovelo y le instaba a detenerse.

—¿Qué prisa llevas? —le preguntaba.

Y después:

—¿Cómo marcha el asunto?

Entonces ambos conferenciaban gravemente. Fiz Cotovelo se dolía de que todos escapasen aterrados, sin pararse a escuchar lo que tenía que decirles, y de la enorme cantidad de agua bendita que le arrojaban en la aldea y que le hacía andar siempre con la sábana terriblemente húmeda. Malvís hablaba de sus pequeños negocios del día y, sobre todo, de su proyecto de asalto a la casa del cura.

A veces el fantasma se interesaba en la vida del bandolero.

—¿Lo pasas bien? —inquiría.

Y Fendetestas escupía en el suelo, elevaba un poco sus hombros fornidos y contestaba:

—Es peor arar, Cotoveliño; te lo digo yo, es peor arar. Lo malo está en que no puedo salir de aquí a comprar tabaco. Si hubiese tabaco en la fraga, no me cambiaba por el maestro de escuela. Palabra. Pero cuando no puedo fumar... Muchos días estuve tentado, sólo por eso, a volver a ser un hombre decente.

Fiz Cotovelo conservaba sus tendencias de campesino; auguraba el tiempo, predecía la abundancia o mezquindad de las cosechas y le gustaba saber cuánto habían pagado por los bueyes los tratantes castellanos que aparecían en las ferias con sus sombreros anchos, sus blusones anudados sobre el vientre y la correa de un látigo por el cuello.

Una noche, mientras jugaba pensativamente con los eslabones de su cadena, contó su vulgar historia al bandido. Él, Félix Cotovelo, había vivido y muerto muy pobre, muy pobre. Pero aparte el pesar de haber dejado incumplida su promesa a San Andrés de Teixido —a cuyo santuario, según la popular sentencia gallega, "irá de muerto el que no fue de vivo"—, no llevó a la tumba otro pesar que el de no haber realizado su candente deseo de marcharse a América. Fue una obsesión que le acompañó desde la niñez, una punzante ansiedad de todos los días.

Cuando era joven, la fuerza de sus brazos tendía a emplearse sobre los inmensos campos vírgenes de ultramar, de los que tanto hablaban los emigrantes; cuando llegó a la madurez y comprendió que nada podría hacer ya en las tierras lejanas, seguía pensando en ellas en el secreto de sus ensueños como en algo que, al hacerse imposible, priva de sentido a una existencia. Si hubiese ido allá —se decía—, sin duda habría alcanzado la fortuna, como tantos otros, y podría haber tenido su casita y sus eras, y un diente o dos de oro, y una vejez regalada, y podría contar las aventuras de la ruda labor que había realizado hasta desembocar en prosperidades. Sin duda no todos los que emprendían el largo viaje triunfaban, pero hasta los que regresaban con billetes de caridad pagados por los consulados hablaban con nostalgia de aquel amplio y maravilloso palenque que era América. En verdad, ya no sabían conversar sino acerca de aquel tema cautivador.

Cotovelo refería a Malvís la magnificencia de la vida de su abuelo, que había estado en Cuba y había vuelto a casarse y a comprar tierras en Cecebre. Era dueño de muchos ferrados de tierra en la parroquia; y su ganado, el más abundante y el mejor: bueyes gordos y grandes como montañas. Mataba tres cerdos para el consumo de la casa e iba todos los años con su mujer a tomar las aguas de Guitiriz, porque el trópico le había estropeado el hígado, y se hospedaba en una buena fonda. Cuando murió, repartiose su hacienda entre sus tres hijos, y entonces tuvieron éstos que aumentar su trabajo y reducir su comida. Pero en fin, el padre de Fiz Cotovelo aún podía vivir sin más ahogos que los de cualquier otro labrador. Lo terrible fue que entre los seis hijos que dejó a su vez, las tierras se atomizaron hasta lo increíble. Era el mal de Galicia y la razón por la que se hundían en la miseria aquellos que no podían emigrar. Un prado les quedó tan repartido, que si una vaca iba a pacer en él no podía comer la hierba propia sin tener las patas traseras en la propiedad de otro hermano y los cuernos proyectando sombra en la de un tercero. Nunca pudo agregar el pobre Fiz algo más sustancioso a la taza de caldo del mediodía ni a la taza de caldo de la noche. Y siempre pensando, siempre, siempre, en que si hubiese podido marchar a América tendría la fortuna con él, como uno de aquellos lindos pájaros, enjaulada. Y se hubiera casado. Y en el hogar de un Cotovelo volverían a sucumbir tres cerdos al finalizar cada otoño.

—América está en todas partes —comentaba Fendetestas pensando en sus propios manejos.

—No está, no —era la triste respuesta de Fiz.

El ladrón fue sintiendo hacia él una simpatía que se mezclaba a cierta sensación de superioridad. Aquel alma en pena le parecía bastante rudimentaria y la trataba muchas veces como se trata a un niño. Pero no pasó mucho tiempo sin que se diese cuenta de que su único amigo le llevaba involuntariamente a la ruina.

Desde que se supo que entre la espesura de la fraga iba y venía, lanzando aullidos, un espectro, nadie gustaba de aventurarse por las vereditas que la cruzaban. En cuanto declinaba el sol, los caminantes preferían el más largo rodeo a poner un pie ni en las lindes del bosque, y aun en el corazón del día eran muy pocos, muy apresurados y muy recelosos los que se decidían a internarse en él, mirando a todas partes y dispuestos a correr como gamos si sonaba cualquier ruidillo.

Fendetestas se halló súbitamente sin clientela. Ser ladrón en un desierto sin caravanas es la más estúpida de todas las ocupaciones. Al descubrir la causa de aquel aislamiento, sintió malhumor por primera vez desde que se había retirado a la cueva. Iba de un lado a otro por la fraga o se sentaba en sus observatorios habituales, esperando en vano. Y murmuraba, roído por el desaliento: "¡Se acabó el negocio! Este Cotovelo me partió".

Terminó por decírselo francamente.

—¿Aún no encontraste a nadie que quiera ir a Teixido?

—¿Cómo voy a encontrar —dijo el fantasma abriendo sus brazos con desolación—, si en cuanto me ven se caen sin sentido o huyen dando voces sin detenerse a saber lo que quiero ni por qué estoy penando? Resulta imposible hablar con nadie, y así no puede ser. Luego se pasan noches y noches sin que yo vea alma viviente, como no seas tú.

—Tampoco yo veo a nadie, y eso es lo peor —declaró Fendetestas con voz triste para inspirarle lástima—. Escorrentaste hasta a la guardia civil. Eres mi ruina, Cotovelo. ¿Por qué no te vas?

—¿Adónde he de ir? —se defendía la aparición—. Cualquiera diría que estoy donde no debo. Todas las fragas tienen un fantasma, como tienen también un ladrón. Tú eres de Armental y acaso no lo sepas, pero antes que yo hubo aquí muchos aparecidos.

—¿Por qué no te presentas a un pariente?

—No nos llevamos bien.

Malvís tocó otra cuerda.

—¡Pudiendo ir a todas partes, Cotovelo, como puedes tú; pudiendo ver la capital, o ir a Santiago o conocer Madrid, hombre, donde tanto hay que ver...! Lo mismo encontrarías allí que aquí el cristiano que buscas para ese servicio, o acaso mejor allí, y a la vez te distraías algo.

Pero Fiz meneaba obstinadamente la cabeza, en la que sostenía la luz espectral.

—Es el cariño al *rueiro*,* Malvís; aquí nací y aquí viví y nada me interesa como esto. En otros sitios no conozco a nadie. No me voy.

—Pues fastidiar, bien me fastidias —terminaba Fendetestas después de cada una de sus inútiles tentativas de convencimiento.

Cierta noche, sentados sobre el pico más alto de las rocas, vieron marchar por la negra lejanía una serie de puntitos de luz que avanzaban de oriente a occidente, uno tras otro, conservando siempre una distancia igual entre sí.

Fendetestas se levantó sobresaltado.

—Así Dios me salve como es la Santa Compaña.

—Es —asintió el fantasma naturalmente, sin inmutarse.

—Viene hacia aquí.

—No. Va hacia el mar.

Xan de Malvís volvió a sentarse. Acababa de ocurrírsele una idea.

—¿Es cierto que no hay obstáculo para ella, que sigue siempre en derechura, sobre los montes y sobre los barrancos y sobre el agua...?

—Sí.

* Pequeña agrupación de casas aldeanas.

—¿Y hasta podrá dar la vuelta al mundo?

El fantasma alzó los hombros con desdén.

—Claro que puede.

—Pues si ésos van hacia el mar —siguió intencionadamente Fendetestas—, todo por ahí, siguiendo en línea recta, a donde llegarán no es otro sitio que las Américas. Por ahí se van también los vapores.

El espectro calló.

—Ahora es la zafra en Cuba —continuó Malvís—. Buena ocasión de ver aquello. Se trabajará de firme en los campos de caña y habrá allí muchos hombres ganando buenos jornales. No digo yo que quisiera ser uno de ellos, pero me gustaría verlo si pudiese y no me hicieran pagar el viaje.

—Sí, Malvís —reconoció el ánima en pena, con una rara excitación—. Debe de ser un buen espectáculo.

—Sobre todo, verlo, Cotoveliño; haber estado allí... Porque, mira, no haber ido a San Andrés de Teixido..., bueno..., no está bien; pero hay mucha gente que no fue y no siente vergüenza. Pero... ser de la tierra y no conocer América, Cotovelo...

—Es verdad, es.

—No poder contar nunca: “Cuando yo estuve en Cienfuegos...”. Los pobres que nunca logramos ir no somos nadie. Ahí tienes unos compañeros tuyos que van para allá. ¿Qué te iban a decir si te unieses a ellos? Seguramente...

Pero no hizo falta que continuase. El secular afán emigratorio, reforzado por el también secular afán de no pagar el pasaje, habló en el alma del campesino difunto.

Erguido, lúgubre, el fantasma de Fiz Cotovelo se alejaba ya, como empujado por el viento, hacia la negra lejanía.

Y pronto hubo una luz más entre las luces de la Santa Compaña.

Fendetestas la vio, persignose y lanzó un suspiro de alivio.

Mi último contacto en Lima y mi contacto no. 2 en Francia

Alfredo Bryce Echenique

De la obra *La vida exagerada de Martín Romaña*

Un día nevó por primera vez en mi vida, y la Navidad empezó a acercarse. Nunca la había pasado lejos de casa. Me entró una alegría infinita. Siempre he odiado la Navidad, y sobre todo la Navidad en casa. Allá mi familia. Que se las arreglara con el hermano ausente en la cena pascual. Aunque seguro que también ellos estaban felices con mi ausencia. Con excepción de mi padre, todos debían de estar felices con mi ausencia. Uno menos que abrazar, debían de estarse diciendo los condenados, porque ahí el único que se tomaba las cosas navideñas navideñamente era mi padre. Me dio pena recordarlo. Era lo más bueno que hay. Trabajó siempre hasta hacernos tomarle horror al trabajo. Era una mina de oro. Tenía que serlo, porque había procreado a la más importante colección de psicoanalizables de los últimos tiempos en Lima. Con el tiempo llegué a tomarle cariño, aunque la verdad es que me costó mucho trabajo. No tenía por qué haberme educado más rígidamente que a mis hermanos. Claro, yo era el menor, y en vista de que ya había perdido todas las esperanzas en los demás, decidió que yo fuese la esperanza de la familia, y me daba menos propinas y menos bicicletas y menos automóviles que a los otros. Y nunca me habló porque a un hijo nunca se le habla, sólo se le mira con mucha autoridad. Pobre viejo. Así, a punta de mirarme tanto, se fue convenciendo poco a poco de que yo era el peor de todos. Hasta empezó a comprarme billetes de lotería a ver si me aseguraba el porvenir. Ese gesto me conmovió tanto, en un hombre tan autoritario, que no tuve más remedio que echarme toda una carrera de abogado encima. El día que me gradué ya hacía tiempo que nos queríamos muchísimo. Y fue muy duro decirle después que ahí quedaba el diploma porque yo me iba a Europa.

Estaba muy viejo y enfermo y me arruinó la partida. Yo no quería despedirme sino de Inés, porque ella se iba a venir al año siguiente a París, y porque quería decirle una vez más que la esperaba, que ya vería cómo el tiempo iba a pasar volando. Así y todo fue muy duro desprenderse de la boca de Inés y soportar la tristeza de sus ojos. Ésos son los momentos en que hay muchos que se joden y no se van a París. También, claro, los momentos en que muchos insisten en que sí se van a París y se joden también. Mi caso no es ni el primero ni el segundo. Yo soy la tercera vía. Decía que el viejo me arruinó la partida. A Inés, en cambio, la dejé como se deja a una muchacha limeña, católica, de la Universidad Católica, sencilla, muy bien educada en colegio de monjas, en su casa, y en todas partes. La dejé pésimo. Lucho, Yumi y el Gordo me esperaban en la esquina para consolarme. Me conocían. Me llevaron al Superba, donde comí mi último tacu-tacu y bebí cerveza hasta que empezó a salírseme por las orejas. A mi padre lo imaginaba durmiendo hace horas, pero aun así les pedí que se demoraran un poco más y que me llevaran a dar una última vuelta por Lima la horrible. La vi linda y me puse a llorar por Inés. A las cuatro de la mañana regresé a casa.

Mi equipaje estaba ya en los bajos, o sea que me quedé calladito ahí, sintiéndome pésimo, y escuchando roncar a los perros por última vez. Ni de ellos quería despedirme. A las cinco de la mañana debía pasar a recogerme el negro Santa Cruz, en una furgoneta del Banco que llevaba una fortuna para la sucursal de Marcona. Mi padre había dispuesto las cosas así. Total, primero partía rumbo al puerto en una furgoneta cargada de dinero, y después en un barco de carga, rumbo a Francia. Tú siempre serás una carga para alguien, solía decirme mi padre, y no parecía faltarle razón. Últimamente me estaban fletando gratis a todas partes.

Cinco menos veinte: mientras pego mi última meada en casa recuerdo eso de que ningún peruano mea solo. Cinco menos cuarto: en punta de pies voy hasta la cocina a prepararme un café. Cinco menos diez: estoy tomando un café, en punta de pies, y se despierta uno de los perros tristísimo. Le digo que no vaya a despertar al otro. Cinco menos cinco: llega la furgoneta del Banco con el negro Santa Cruz al volante y un detective al lado. Cinco menos cuatro: me acerco rápidamente a la puerta principal en busca de mi equipaje, con la seguridad de que lo he logrado, de que en los altos todo el mundo duerme. Cinco menos tres: me doy con mi padre tratando de cargar la sombrerera-biblioteca y prácticamente viniéndose abajo, si no es porque Santa Cruz y el detective acuden en su auxilio. Cinco menos dos: intento partir la carrera despacito en dirección a la furgoneta. Cinco menos uno y medio: quedamos enchufados mi padre y yo en un beso que me lo arruina todo hasta las cinco en punto, porque ésos son los horarios del Banco y hay que respetarlos. La furgoneta debe partir. Cinco y cuarto: más sabe el diablo por viejo que por diablo. Tres de la tarde: puerto de San Juan, en Marcona. Libre, Martín Romaña. Cuatro de la tarde del día en que nevó por primera vez en mi vida, en París: confieso que todavía no sé de dónde salió mi padre aquella madrugada.

La Navidad siguió acercándose y yo seguí alejándome de todo aquello, a medida que iba comprendiendo hasta qué punto había odiado esa maldita juerga comercial y triste. Ni los regalos lograban sacarme del silencio cabizbajo en que solía sumirme no bien aparecía el primer arbolito decorado en la ciudad. Bueno, algunos regalos sí. Pero tenían que ser muy buenos para que yo sonriera y agradeciera como una persona normal. Como ven, en el fondo soy una persona normal.

Pero el tipo del primer hotel en que me alojé no pensaba lo mismo. Era un hotelito de la calle Dupuytren, en pleno Barrio Latino, y lo administraba un avaro con cara de alcohólico, cuya esposa era cojita, joven, y hasta bonita, y vivía con un ojo permanentemente negro. No sé por qué le pegaban tanto a la pobre. Yo lo único que la vi hacer siempre fue pasar la aspiradora y matar unas cucarachitas que se paseaban por todas partes. En fin, su esposo debía pensar distinto a mí. Me odiaba el tipo. Odiaba a toda la humanidad, pero yo creo que sobre todo me odiaba a mí. Tardé poco en comprender que el origen del problema era la ducha, pero seguí duchándome de todas maneras. Cada mañana bajaba, le pagaba un franco, y él me entregaba maldiciendo la llave de la ducha. A mí desde chico me habían acostumbrado al baño diario y no era el momento de empezar a oler como el administrador. Un día casi se lo digo, pero apareció la cojita con la aspiradora y con el ojo negro tan negro, que no me atreví. Olían pésimo los dos. Pagué mi franco, y obtuve llave y gruñido. No estaba dispuesto a darle gusto hasta en eso. Ya con lo de la máquina de afeitar era suficiente. Cuando la enchufaba se apagaba la luz, y cuando encendía la luz no había electricidad en el enchufe. Si seguía acostumbrándome a todos estos sistemas no me iban a aceptar en la Sorbona, por sucio. Total, el tipo cada día me odiaba más, sin que yo lograra hacerle más daño que el de andar tan limpio como había llegado.

Una mañana estalló. Yo estaba cerrando la puerta de mi habitación, y su esposa estaba terminando con las cucarachitas, para empezar con la aspiradora, cuando lo oímos subir como una fiera. Venía insultándome a mí, pero dispuesto a matarla a ella. No sé qué diablos habíamos estado haciendo juntos en la ducha. Casi le grito que no fuera imbécil, que su esposa no se duchaba ni cuando hacía el amor, pero todo era demasiado absurdo y además ella ya había bajado a darle al encuentro y a inmolarse ante un puñetazo. La noqueó a gritos, lo cual le dio ánimos para dar un paso más con el puño en alto.

—¡Alto ahí! —le grité, agarrando la aspiradora—. ¡Conmigo no juega usted! ¡Un paso más y le cae en la cabeza!

Dio medio paso, yo sabía que no iba a dar más que medio paso, pero no podía perderme una oportunidad así. Le acerté en el pecho y le grité que además traía pistola. Pero tanta alharaca fue innecesaria, porque el tipo había cambiado totalmente de actitud. Lo único que le importaba ahora era la aspiradora. Ni el golpe que le di, ni las caricias que le hacía su esposa, nada le importaba. La aspiradora los había reconciliado. La acariciaban como a un pollito enfermo, le hablaban, la mimaban. Me miraron como a un monstruo y empezaron a bajar las escaleras unidos para siempre por algo demasiado profundo para mí. Nada de esto estaba previsto en Racine, Merceditas, me dije, pero no era el momento para entrar en considerandos. Tenía que correr a matricularme.

Algo me pesaba sobre los hombros cuando entré por primera vez a la Sorbona. Allí Merceditas había sustentado un doctorado que pasó a la historia de mi familia. Allí Merceditas había conocido a aquel único amor de su vida, del que tanto hablaba mi abuelita. Allí Merceditas lo había visto partir a la guerra. Allí lo había esperado preparando su doctorado. El muchacho francés no regresó nunca del frente, Merceditas sustentó su tesis, allí, y regresó al Perú para darles a mil jóvenes como yo el cariño por la vida y la cultura que no pudo compartir con ese joven cuyo nombre nadie supo nunca en mi familia. Aseguraban, eso sí, que había sido de una gran familia, e incluso, en las historias de mi abuelita, con el tiempo el muchacho iba perteneciendo cada vez a una familia mejor. Estuve contándoles todo eso en voz muy baja a unas estatuas cultísimas, y empecé a ser el muchacho que se fue a la guerra y a imaginar a Merceditas caminando por ahí de dieciocho años. Le declaré todo el amor que no me había atrevido nunca a declararle en Lima.

—Sigue leyendo —me dijo—, ya no tarda en llegar el siguiente alumno.

Con todo eso adentro, más un peso tipo lápida sobre los hombros, decidí hundirme en la Sorbona, dejarme aplastar por la Sorbona, como quien se dispone a repetir una historia inmortal. No era iglesia, pero me sentía como quien se santigua. Y avancé. Y avancé más. Y hubiera continuado avanzando el resto de mi vida, pero ahí nadie comprendió lo que yo sentía y, en todo caso, había que hacer cola primero.

Me atendió un mellizo del administrador del hotel, cosa que tampoco estaba prevista en Racine, Merceditas, y me dijo que sin el carnet de residente no tenía derecho a matricularme en ninguna parte, todo mientras comía un sándwich, aunque debo reconocer que sí tuvo la amabilidad de asegurarme que tampoco en la Prefectura de Policía me darían carnet de residente alguno mientras no estuviera matriculado en alguna parte.

—Mirá, che —me dijo un argentino providencial—. Lo mejor es que te hagás pescar por la policía, sin documentos. Luego te pasás dos o tres días en la comisaría hasta que llamen a tu embajada. Entonces de tu embajada consultan con la policía de tu país. Y si tu gobierno sí te quiere, la embajada interviene y te ayudan un montón con el carnet. De lo contrario, che, armás un lío de la madona hasta que se entere De Gaulle. Ya verás cómo al final él te lo arregla todo. El viejo es un tipo excelente para esas cosas, che.

No pude creerle. Aún estaba a tiempo para correr a la Prefectura. Corrí, hice cola, y el argentino tenía razón. No me quedaba más remedio que llamar a mi padre por teléfono. Casi lo mato del susto, pero al final comprendió que sí era yo, que su hijo no se había matado ni nada. Siempre pensaba lo peor, cuando se trataba de mí. En fin, mi padre llamó al embajador del Perú, el embajador me llamó al hotel, y en la Prefectura me trataron como a hijo de presidente africano, cuando me vieron llegar con tan importante personaje. Estuve a punto de ir a depositarle una ofrenda al soldado desconocido cuando me enteré de que había peruanos que llevaban quince años sin papeles, y sin matrícula, claro.

Bueno, ya era sorbonable. Pero era, también, una asquerosa víctima de alguna extraña enfermedad tropical. Me lo anunciaron al llegar una mañana al hotel, donde me esperaba esta vez el dueño, escoltado por el administrador y su esposa cojita y bonita. Creí que iban a acusarme de haber matado a la aspiradora, pero el delito eran mis duchas diarias. Nadie se ducha todos los días si no lleva contraída una grave enfermedad tropical. Confieso que me quedé lelo, que por más que buscaba no encontraba argumento alguno. Pero, qué más prueba en contra que mi nacionalidad. Peruano. De un país caliente. Les dije que ahí el único caliente era yo, pero por lo brutos e ignorantes que eran, y hasta traté de explicarles que la costa del Perú, de tropical, cero: la corriente de Humboldt, señores, enfría sus costas, cambia su vegetación. No hubo nada que hacer. O me bañaba sólo una vez a la semana, hasta que se me quitara la enfermedad tropical, o me largaba en ese mismo instante. Aullé que me largaba en ese mismo instante, y los tres se agacharon como si tuviera la aspiradora en las manos.

Alquilé un pequeño departamento, con su cocinita y su baño, y se me instaló media colonia estudiantil peruana de un hotel sin baños que quedaba en la esquina. Tuve que mandar hacer como mil llaves, porque los muchachos eran de izquierda, y no hay nada más reaccionario en el mundo que un baño propio y no compartido. Y limpio, también, me imagino, porque los muchachos del hotel sin baños venían, ensuciaban y se iban. Yo limpiaba, ordenaba, y zas, llegaba otro. Pero debo reconocer que para mí significó mucho el que tanta gente se bañara en mi casa. Me hablaban de guerrilleros, me hablaban de Fidel Castro, y me hablaban de mi padre anteponiendo siempre la expresión "hijo de puta". Durante un tiempo traté de defenderme alegando haber estudiado en San Marcos, la universidad del pueblo, el pulmón del Perú, pero los muchachos eran tercos y fue difícil transar con ellos. O yo era un reaccionario de mierda, o mi padre era un hijo de puta porque yo tenía un departamento con baño. Opté por lo segundo porque así se vivía más tranquilo.

Todas las mañanas iba a clases a la Sorbona y aplaudía al profesor. Aplaudía fuerte, más fuerte que los demás alumnos, aplaudía por Merceditas y aplaudía por mí. Uno tras otro los profesores abandonaban los anfiteatros aplaudidamente, vestidos de azul marino, y después entraba un viejito que limpiaba la pizarra para que entrara otro señor azul. Debían de ser unos sabios esos profesores, porque los anfiteatros estaban siempre repletos, a pesar del calor tropical, repletos hasta el punto de que si uno no llegaba una hora antes de la clase, tenía que quedarse parado toda la hora, y apoyando papel y lápiz sobre la espalda del de adelante, si quería tomar notas. Y ahí todo el mundo quería tomar notas. O sea que unos sentados, sacando manteca, y otros parados, con un lápiz medio incrustado en la espalda, tomábamos y tomábamos notas mientras los profesores hablaban y hablaban y yo no entendía nada, pero, en fin, poco a poco. En todo caso el asunto era tomar bien las notas porque a fin de año el que mejor las memorizaba y las pasaba a la hoja de examen obtenía la mejor nota. Era un mundo circular y perfecto, en el que los profesores recibían lo mismo que daban, y daban lo mismo que pensaban recibir. A mí lo único que me jodía un poco era la calefacción tan fuerte. Los lápices incrustados en la espalda se los ofrecía a Dios, y además con el tiempo fui tomando confianza y hasta aprendí a vengarme discretamente con la espalda de adelante. Nunca le hablé a nadie, y nunca me habló nadie, tampoco. Miré como loco, eso sí, porque había chicas muy bonitas, sobre todo temprano por la mañana. Ya después, con el correr de las horas, el sudor empezaba a ensuciarlo todo y yo miraba cada vez menos y sudaba cada vez más.

Salir era exponerse a una pulmonía, pero había que salir para exponerse a la comida del *restaurant* universitario. La mitad la llenaban los franceses, que comían callados y resignados. La otra mitad la llenaban los extranjeros, que comían siempre con la esperanza de que mañana tocara pollo, y metían demasiada bulla. Eran miles de grupos, todos de izquierda, me imaginaba entonces, pero probablemente de muy distintas tendencias porque nunca se hablaban entre sí. Predominaban los árabes, que enamoraban a medio mundo, y después venían los latinoamericanos, que se conformaban con lo que dejaban los árabes. Éramos los únicos comunicativos, en todo caso. Yo llegaba siempre a eso de la una, cogía mi bandeja y dejaba que las Erinias lanzaran la comida en los diferentes compartimentos que la formaban. Cuando me caía postre sobre los fideos, me largaba a comer a otra parte. Los peruanos me envidiaban esos lujos y no entendían por qué les llamaba las Erinias a esas gordas que arrojaban comida en nuestras bandejas. Porque les debe remorder la conciencia darnos esto para comer, les expliqué, y las Erinias son las diosas del remordimiento. Pero, becados o no becados, ahí todo el mundo comía caliente y a su hora. No había que quejarse.

La mujer que no

Jorge Ibargüengoitia

De la obra *La ley de Herodes*

Debo ser discreto. No quiero comprometerla. La llamaré... En el cajón de mi escritorio tengo todavía una foto suya, junto con las de otras gentes y un pañuelo sucio de maquillaje que le quité no sé a quién, o mejor dicho sí sé, pero no quiero decir, en uno de los momentos cumbres de mi vida pasional. La foto de que hablo es extraordinariamente buena para ser de pasaporte. Ella está mirando al frente con sus grandes ojos almendrados, el pelo restirado hacia atrás, dejando al descubierto dos orejas enormes, tan cercanas al cráneo en su parte superior, que me hacen pensar que cuando era niña debió traerlas sujetas con tela adhesiva para que no se le hicieran de papalote; los pómulos salientes, la nariz pequeña con las fosas muy abiertas, y abajo... su boca maravillosa, grande y carnuda. En un tiempo la contemplación de esta foto me producía una ternura muy especial, que iba convirtiéndose en un calor interior y que terminaba en los movimientos de la carne propios del caso. La llamaré Aurora. No, Aurora no. Estela, tampoco. La llamaré *ella*.

Esto sucedió hace tiempo. Era yo más joven y más bello. Iba por las calles de Madero en los días cercanos a la

Navidad, con mis pantalones de dril recién lavados y trescientos pesos en la bolsa. Era un mediodía brillante y esplendoroso. Ella salió de entre la multitud y me puso una mano en el antebrazo. "Jorge", me dijo. *Ah, che la vita é bella!* Nos conocemos desde que nos orinábamos en la cama (cada uno por su lado, claro está), pero si nos habíamos visto una docena de veces era mucho. Le puse una mano en la garganta y la besé. Entonces descubrí que a tres metros de distancia, su mamá nos observaba. Me dirigí hacia la mamá, le puse una mano en la garganta y la besé también. Después de eso, nos fuimos los tres muy contentos a tomar café en Sanborns. En la mesa, puse mi mano sobre la suya y la apreté hasta que noté que se le torcían las piernas; su mamá me recordó que su hija era decente, casada y con hijos, que yo había tenido mi oportunidad trece años antes y que no la había aprovechado. Esta aclaración moderó mis impulsos primarios y no intenté nada más por el momento. Salimos de Sanborns y fuimos caminando por la alameda, entre las estatuas pornográficas, hasta su coche que estaba estacionado muy lejos. Fue ella, entonces, quien me tomó de la mano, y con el dedo de en medio, me rascó la palma, hasta que tuve que meter mi otra mano en la bolsa, en un intento desesperado de aplacar mis pasiones. Por fin llegamos al coche, y mientras ella se subía, comprendí que trece años antes no sólo había perdido sus piernas, su boca maravillosa y sus nalgas tan saludables y bien desarrolladas, sino tres o cuatro millones de muy buenos pesos. Fuimos a dejar a su mamá que iba a comer no importa dónde. Seguimos en el coche, ella y yo solos, y yo le dije lo que pensaba de ella y ella me dijo lo que pensaba de mí. Me acerqué un poco a ella y ella me advirtió que estaba sudorosa, porque tenía un oficio que la hacía sudar. "No importa, no importa". Le dije olfateándola. Y no importaba. Entonces, le jalé el cabello, le mordí el pescuezo y le apreté la panza... hasta que chocamos en la esquina de Tamaulipas y Sonora.

Después del accidente, fuimos al Seps de Tamaulipas a tomar ginebra con quina y nos dijimos primores.

La separación fue dura, pero necesaria, porque ella tenía que comer con su suegra. "¿Te veré?". "Nunca más". "Adiós, entonces". "Adiós". Ella desapareció en Insurgentes, en su poderoso automóvil, y yo me fui a la cantina El Pilón, en donde estuve tomando mezcal de San Luis Potosí y cerveza, y discutiendo sobre la divinidad de Cristo con unos amigos, hasta las siete y media, hora en que vomité. Después me fui a Bellas Artes en un taxi de a peso.

Entré en el foyer tambaleante y con la mirada torva. Lo primero que distinguí, dentro de aquel mar de personas insignificantes, como Venus saliendo de la concha... fue a ella. Se me acercó sonriendo apenas, y me dijo: "Búscame mañana, a tal hora, en tal parte"; y desapareció.

¡Oh, dulce concupiscencia de la carne! Refugio de los pecadores, consuelo de los afligidos, alivio de los enfermos mentales, diversión de los pobres, esparcimiento de los intelectuales, lujo de los ancianos. ¡Gracias, Señor, por habernos concedido el uso de estos artefactos, que hacen más que palatable la estancia en este Valle de Lágrimas en que nos has colocado!

Al día siguiente acudí a la cita con puntualidad. Entré en el recinto y la encontré ejerciendo el oficio que la hacía sudar copiosamente. Me miró satisfecha, orgullosa de su pericia y un poco desafiante, y también como diciendo: “Esto es para ti”. Estuve absorto durante media hora, admirando cada una de las partes de su cuerpo y comprendiendo por primera vez la esencia del arte a que se dedicaba. Cuando hubo terminado, se preparó para salir, mirándome en silencio; luego me tomó del brazo de una manera muy elocuente, bajamos una escalera y cuando estuvimos en la calle, nos encontramos frente a frente con su chingada madre.

Fuimos de compras con la vieja y luego a tomar café a Sanborns otra vez. Durante dos horas estuve conteniendo algo que nunca sabré si fue un sollozo o un alarido. Lo peor fue que cuando nos quedamos solos ella y yo, empezó con la cantaleta estúpida de: “¡Gracias, Dios mío, por haberme librado del asqueroso pecado de adulterio que estaba a punto de cometer!”. Ensayé mis recursos más desesperados, que consisten en una serie de manotazos, empujones e intentos de homicidio por asfixia, que con algunas mujeres tienen mucho éxito, pero todo fue inútil; me bajó del coche a la altura de Félix Cuevas.

Supongo que se habrá conmovido cuando me vio parado en la banqueta, porque abrió su bolsa y me dio el retrato famoso y me dijo que si algún día se decidía (a cometer el pecado), me pondría un telegrama.

Y esto es que un mes después recibí, no un telegrama, sino un correograma que decía: “Querido Jorge: búscame en el Konditori, el día tantos a tal hora (p. m.) Firmado: *Guess who?*" (Advierto al lector no avezado en el idioma inglés que esas palabras significan "adivina quién"). Fui corriendo al escritorio, saqué la foto y la contemplé pensando en que se acercaba la hora de ver saciados mis más bajos instintos.

Pedí prestado un departamento y también dinero; me vestí con cierto descuido pero con ropa que me quedaba bien, caminé por la calle de Génova durante el atardecer y llegué al Konditori con un cuarto de hora de anticipación. Busqué una mesa discreta, porque no tenía caso que la vieran conmigo un centenar de personas, y cuando encontré una me senté mirando hacia la calle; pedí un café, encendí un cigarro y esperé. Inmediatamente empezaron a llegar gentes conocidas, a quienes saludaba con tanta frialdad que no se atrevían a acercárseme.

Pasaba el tiempo.

Caminando por la calle de Génova pasó la Joven N, quien en otra época fuera el Amor de mi Vida, y desapareció. Yo le di gracias a Dios.

Me puse a pensar en cómo vendría vestida y luego se me ocurrió que en dos horas más iba a tenerla entre mis brazos, desvestida...

La Joven N volvió a pasar, caminando por la calle de Génova, y desapareció. Esta vez tuve que ponerme una mano sobre la cara, porque la Joven N venía mirando hacia el Konditori.

Era la hora en punto. Yo estaba bastante nervioso, pero dispuesto a esperar ocho días si era necesario, con tal de tenerla a ella, tan tersa, toda para mí.

Y entonces, que se abre la puerta del Konditori, entra la Joven N, que fuera el Amor de mi Vida, cruza el restorán y se sienta enfrente de mí, sonriendo y preguntándome: "*Did you guess right?*".

Solté la carcajada. Estuve riéndome hasta que la Joven N se puso incómoda; luego, me repuse, platicamos un rato apaciblemente, y por fin, la acompañé a donde la esperaban unas amigas para ir al cine.

Ella, con su marido y sus hijos, se había ido a vivir a otra parte de la República.

Una vez, por su negocio, tuve que ir precisamente a esa ciudad; cuando acabé lo que tenía que hacer el primer día, busqué en el directorio el número del teléfono de ella y la llamé. Le dio mucho gusto oír mi voz y me invitó a cenar.

La puerta tenía aldabón y se abría por medio de un cordel. Cuando entré en el vestíbulo, la vi a ella, al final de una escalera, vestida con unos pantalones verdes muy entallados, en donde guardaba lo mejor de su personalidad. Mientras yo subía la escalera, nos mirábamos y ella me sonreía sin decir nada. Cuando llegué a su lado, abrió los brazos, me los puso alrededor del cuello y me besó. Luego, me tomó de la mano y mientras yo la miraba estúpidamente, me condujo a través de un patio, hasta la sala de la casa y allí, en un *couch*, nos dimos entre doscientos y trescientos besos... hasta que llegaron sus hijos del parque. Después, fuimos a darles de comer a los conejos.

Uno de los niños, que tenía complejo de Edipo, me escupía cada vez que me acercaba a ella, gritando todo el tiempo: "¡Es mía!". Y luego, con una impudicia verdaderamente irritante, le abrió la camisa y metió ambas manos para jugar con los pechos de su mamá, que me miraba muy divertida. Al cabo de un rato de martirio, los niños se acostaron y ella y yo nos fuimos a la cocina, para preparar la cena. Cuando ella abrió el refrigerador, empecé mi segunda ofensiva, muy prometedora, por cierto, cuando llegó el marido. Me dio un ron Batey y me llevó a la sala en donde estuvimos platicando no sé qué tonterías. Por fin estuvo la cena. Nos sentamos los tres a la mesa, cenamos y cuando tomábamos el café, sonó el teléfono. El marido fue a contestar y mientras tanto, ella empezó a recoger los platos, y mientras tanto, también, yo le tomé a ella la mano y se la besé en la palma, logrando, con este acto tan sencillo, un efecto mucho mayor del que había previsto: ella salió del comedor tambaleándose, con un altero de platos sucios. Entonces regresó el marido poniéndose el saco y me explicó que el telefonazo era de la terminal de camiones, para decirle que acababan de recibir un revólver Smith & Wesson calibre 38 que le mandaba su hermano de México, con no recuerdo qué objeto; el caso es que tenía que ir a recoger el revólver en ese momento; yo estaba en mi casa: allí estaba el ron Batey; allí, el tocadiscos; allí, su mujer. Él regresaría en un cuarto de hora. *Exeunt severaly*: él vase a la calle; yo voyme a la cocina y mientras él encendía el motor de su automóvil, yo perseguía a su mujer. Cuando la arrinconé, me dijo: "Espérate" y me llevó a la sala. Sirvió dos vasos de ron, les puso un trozo de hielo a cada uno, fue al tocadiscos, lo encendió, tomó el disco llamado *Le Sacre du Sauvage*, lo puso y mientras empezaba la música brindamos: habían pasado cuatro minutos.

Luego, empezó a bailar, ella sola. "Es para ti", me dijo. Yo la miraba mientras calculaba en qué parte del trayecto estaba el marido, llevando su mortífera Smith & Wesson calibre 38. Y ella bailó y bailó. Bailó las obras completas de Chet Baker, porque pasaron tres cuartos de hora sin que el marido regresara, ni ella se cansara, ni yo me atreviera a hacer nada. A los tres cuartos de hora decidí que el marido, con o sin Smith & Wesson, no me asustaba nada. Me levanté de mi asiento, me acerqué a ella que seguía bailando como poseída y, con una fuerza completamente desacostumbrada en mí, la levanté en vilo y la arrojé sobre el *couch*. Eso le encantó. Me lancé sobre ella como un tigre y mientras nos besamos apasionadamente, busqué el cierre de sus pantalones verdes y cuando lo encontré, tiré de él... y ¡mierda!, ¡que no se abre! Y no se abrió nunca. Estuvimos forcejeando, primero yo, después ella y por fin los dos, y antes regresó el marido que nosotros pudiéramos abrir el cierre. Estábamos jadeantes y sudorosos, pero vestidos, y no tuvimos que dar ninguna explicación.

Hubiera podido, quizá, regresar al día siguiente a terminar lo empezado, o al siguiente del siguiente o cualquiera de los mil y tantos que han pasado desde entonces. Pero, por una razón u otra nunca lo hice. No he vuelto a verla. Ahora, sólo me queda la foto que tengo en el cajón de mi escritorio, y el pensamiento de que las mujeres que no he tenido (como ocurre a todos los grandes seductores de la historia) son más numerosas que las arenas del mar.

El Tesoro de la Juventud

Julio Cortázar

De la obra *Último round*

Los niños son por naturaleza desagradecidos, cosa comprensible puesto que no hacen más que imitar a sus amantes padres; así los de ahora vuelven de la escuela, aprietan un botón y se sientan a ver el teledrama del día, sin ocurrírseles pensar un solo instante en esa maravilla tecnológica que representa la televisión. Por eso no será inútil insistir ante los párvulos en la historia del progreso científico, aprovechando la primera ocasión favorable, digamos el paso de un estrepitoso avión a reacción, a fin de mostrar a los jóvenes los admirables resultados del esfuerzo humano.

El ejemplo del *jet* es una de las mejores pruebas. Cualquiera sabe, aun sin haber viajado en ellos, lo que representan los aviones modernos: velocidad, silencio en la cabina, estabilidad, radio de acción. Pero la ciencia es por antonomasia una búsqueda sin término, y los *jets* no han tardado en quedar atrás, superados por nuevas y más portentosas muestras del ingenio humano. Con todos sus adelantos esos aviones tenían numerosas desventajas, hasta el día en que fueron sustituidos por los aviones de hélice. Esta conquista representó un importante progreso, pues al volar a poca velocidad y altura el piloto tenía mayores posibilidades de fijar el rumbo y de efectuar en buenas condiciones de seguridad las maniobras de despegue y aterrizaje. No obstante, los técnicos siguieron trabajando en busca de nuevos medios de comunicación aún más aventajados, y así dieron a conocer con breve intervalo dos descubrimientos capitales: nos referimos a los barcos de vapor y al ferrocarril. Por primera vez, y gracias a ellos, se logró la conquista extraordinaria de viajar al nivel del suelo, con el inapreciable margen de seguridad que ello representaba.

Sigamos paralelamente la evolución de estas técnicas, comenzando por la navegación marítima. El peligro de los incendios, tan frecuente en alta mar, incitó a los ingenieros a encontrar un sistema más seguro: así fueron naciendo la navegación a vela y más tarde (aunque la cronología no es segura) el remo como el medio más aventajado para propulsar las naves. Este progreso era considerable, pero los naufragios se repetían de tiempo en tiempo por razones diversas, hasta que los adelantos técnicos proporcionaron un método seguro y perfeccionado para desplazarse en el agua. Nos referimos por supuesto a la natación, más allá de la cual no parece haber progreso posible, aunque desde luego la ciencia es pródiga en sorpresas.

Por lo que toca a los ferrocarriles, sus ventajas eran notorias con relación a los aviones, pero a su turno fueron superados por las diligencias, vehículos que no contaminaban el aire con el humo del petróleo o el carbón, y que permitían admirar las bellezas del paisaje y el vigor de los caballos de tiro. La bicicleta, medio de transporte altamente científico, se sitúa históricamente entre la diligencia y el ferrocarril, sin que pueda definirse exactamente el momento de su aparición. Se sabe en cambio, y ello constituye el último eslabón del progreso, que la incomodidad innegable de las diligencias aguzó el ingenio humano a tal punto que no tardó en inventarse un medio de viaje incomparable, el de andar a pie. Peatones y nadadores constituyen así el coronamiento de la pirámide científica, como cabe comprobar en cualquier playa cuando se ve a los paseantes del malecón que a su vez observan complacidos las evoluciones de los bañistas. Quizá sea por eso por lo que hay tanta gente en las playas, puesto que los progresos de la técnica, aunque ignorados por muchos niños, terminan siendo aclamados por la humanidad entera, sobre todo en la época de las vacaciones pagadas.

Moralidad del ciego y del tullido

Dario Fo

De la obra *Misterio bufo*

CIEGO: Ayudadme, buena gente… haced caridad a este pobre desgraciado ciego de los dos ojos, y por suerte no puedo mirarme, que me daría tanta pena que me extraviaría.

TULLIDO: Oh, gentes de buen corazón, apiadaos de mí, que estoy tan baldado que al mirarme siento tanto espanto que quisiera salir por piernas, si no estuviera tan lisiado que no me muevo sin carrito.

CIEGO: Ay, que no puedo andar sin estampar la cabeza en todas las columnatas y en las esquinas… que alguien me ayude.

TULLIDO: Ay, que no consigo salir de este camino, se me han roto las ruedas del carrito y acabaré muerto de hambre en este lugar como no me ayude alguien.

CIEGO: Tenía un perrazo tan bueno que me acompañaba… se escapó tras una perra en celo… por lo menos creo que era hembra esa perra, que no veo y no estoy seguro… también pudo ser un perro cochino vicioso, o un gato melindroso que lo enamoró, a mi perro.

TULLIDO: ¡Socorro, socorro!… ¿nadie tiene cuatro ruedas nuevas que prestarme para mi carrito? ¡Señor Dios, concédeme la gracia de esas cuatro ruedas!

CIEGO: ¿Quién se lamenta pidiendo ruedas a Dios?

TULLIDO: Yo soy, el renco tullido con las ruedas rotas.

CIEGO: Acércate a mí, al otro lado del camino, que veré de ayudarte... No, no veré nada... si no es por un milagro... Bah, veremos, ¡ven!

TULLIDO: No puedo ir hasta ahí... Dios maldiga a todas las ruedas del mundo y las vuelva cuadradas para que no puedan andar por ahí rodando.

CIEGO: Oh, si pudiese llegar derecho hasta ti... ten por seguro que te cargaría a hombros todo entero, menos las ruedas y el carrito. Nos volveríamos una sola criatura, de dos que somos... y ambos ganaríamos satisfacción. Yo me movería con tus ojos y tú con mis piernas.

TULLIDO: ¡Oh, qué idea! Menudo cerebro debes de tener, lleno de ruedas y ruedecitas. ¡Oh, Dios nuestro señor me ha concedido la gracia de prestarme las ruedas de tu cerebro para que pueda volver a ir pidiendo limosna!

CIEGO: Sigue hablando, que me oriento... ¿voy bien por aquí?

TULLIDO: Sí, ven tranquilo, que estás en el buen camino.

CIEGO: Para no tropezar será mejor que me ponga a gatas. Oye, ¿voy derecho?

TULLIDO: Tuerce un poco a la izquierda... ¡no tanto! Eso es una virada... suelta el ancla y retrocede... bien... fuera remos, arriba velas... endereza, endereza... bien, avanza seguro ahora.

CIEGO: ¿Me tomas por un galeón? Dame la mano cuando esté cerca.

TULLIDO: ¡Te doy las dos! Ven, ven, niño guapo de tu mamá, que ya casi estás... ¡No!, hostia... no te vayas a la deriva... endereza a la derecha... Oh, mi barcaza de salvamento...

CIEGO: ¿Te tengo? ¿Eres tú, de verdad eres tú?

TULLIDO: ¡Soy yo, cegato de mi alma... deja que te abrace!

CIEGO: ¡No quepo en mí de gozo, lisiado de mis amores! Ven que te lleve... súbete a mi espalda...

TULLIDO: Sí que me subo... date la vuelta... y bájate... ¡Aúpa! ¡Ya estoy!

CIEGO: No me claves las rodillas en los riñones... que me partes.

TULLIDO: Perdona... es la primera vez que monto a caballo, no tengo costumbre. Eh tú, ten cuidado, no vayas a tirarme al suelo, por lo que más quieras.

CIEGO: Ten por seguro que te cuidaré, compañero, como si fueras un saco de remolachas. Pero tú guíame derecho... no vayas a mandarme a pisar boñigas de vaca.

TULLIDO: Prestaré atención, tranquilo. Por cierto, ¿no tendrás un hierro para que te lo ponga de bocado, y un par de correas para sujetarte el cuello? Me resultaría más fácil llevarte.

CIEGO: Vaya, ¿me tomas por un borrico? ¡Ay de mí, cómo pesas! ¿Cómo es que pesas tanto?

TULLIDO: Tú camina... no gastes fuelle... ¡arre! Trota, cegato mío, y pon atención, que cuando te tire de la oreja izquierda, tienes que girar a la izquierda... y cuando tire...

CIEGO: ¡Ya te he entendido! No soy un borrico. ¡Oh! ¡No hay quien pueda, pesas demasiado!

TULLIDO: ¿Pesar yo?... Pero si soy una pluma... ¡una mariposa!

CIEGO: Una mariposa de plomo, que si te caes al suelo abres un hoyo como para encontrar agua de manantial...

¡sangre de Dios! ¿Te has comido un yunque de hierro para almorzar?

TULLIDO: Estás loco, llevo dos días sin comer.

CIEGO: Pues también llevarás dos meses sin cagar.

TULLIDO: Muy gracioso... Dios es testigo... sólo llevo seis días sin hacer de vientre.

CIEGO: ¿Seis días? Dos comidas mínimo al día suman doce cubiertos. San Jerónimo, protector de los cargadores, estoy llevando un almacén de víveres para todo un año de carestía. ¡Lo lamento, pero te voy a descargar aquí mismo y tú hazme el santo favor de ir a descargar el almacenaje ilegal!

TULLIDO: Para, para, ¿no oyes qué alboroto?

CIEGO: Sí, parece gente que grita y maldice. ¿Contra quién gritan?

TULLIDO: Vete un poco atrás para que pueda mirar... apóyate aquí... Bien, ya lo veo... la han tomado con él... pobre Cristo.

CIEGO: ¿Pobre Cristo, quién?

TULLIDO: Pues él, Cristo en persona... ¡Jesús, hijo de Dios!

CIEGO: ¿Hijo de Dios? ¿Cuál?

TULLIDO: ¿Cómo que cuál? ¡Su único hijo, ignorante! Un hijo santísimo... dicen que hace cosas admirables, maravillosas: cura enfermedades, las peores y más tremendas que hay en el mundo, a quien las soporta con ánimo alegre. Así que mejor nos largamos de este pueblo.

CIEGO: ¿Largarnos? ¿Y por qué razón?

TULLIDO: Porque no puedo aceptar esta condición con alegría. Dicen que si ese hijo de Dios pasara por aquí, me haría el milagro de inmediato... y a ti también, de la misma manera... Piénsalo, como de verdad nos ocurra a los dos la desgracia de que nos libere de nuestras desgracias... De pronto nos veríamos obligados a buscar un oficio para poder tirar.

CIEGO: Pues yo digo que vayamos a ver a ese santo, para que nos saque de esta desgracia maldita.

TULLIDO: ¿Lo dices de veras? Tendrás tu milagro, bien, y te morirás de hambre... porque todos te gritarán: "¡Tú, a trabajar!".

CIEGO: Ay, me entran sudores fríos sólo de pensarlo...

TULLIDO: "Ve a trabajar, vagabundo", te dirán, "brazos robados a las galeras...". Y perderemos el gran privilegio que tenemos igual que los señores, que los amos, de recibir la gabela: ellos con los trucos de la ley, nosotros con la compasión. ¡Y todos a engañar bobos!

CIEGO: Vamos, huyamos de ese encuentro con el santo, antes prefiero morir. Uy, madre mía... vamos... vamos volando al galope... ¡agárrate a mis orejas para que puedas guiarme lo más lejos posible de esta ciudad! Nos iremos incluso de la Lombardía... Iremos a Francia o a un sitio donde jamás pueda llegar ese Jesús, hijo de Dios... ¡Iremos a Roma!

TULLIDO: Quieto, quieto, loco atolondrado, que te vas a caer...

CIEGO: ¡Oh, te lo ruego, sálvame!

TULLIDO: Cálmate... que nos salvaremos los dos en compañía... todavía no hay peligro, pues la procesión que acompaña al santo aún no se ha movido.

CIEGO: ¿Qué hacen?

Tullido: Le han atado a una columna... y están detrás, azotándole. ¡Uy, cómo le pegan esos energúmenos!

Ciego: Pobre hijo... ¿por qué le pegan? ¿Qué les ha hecho a ellos... a esos energúmenos?

Tullido: Ha venido a decirles que sean amorosos, igual que hermanos. Pero cuídate de tenerle compasión, que el mayor peligro es que nos haga milagro.

Ciego: No, no le tengo compasión... para mí no es nadie, ese Cristo... yo nunca lo he conocido... Pero dime qué le hacen ahora.

Tullido: Le escupen... cerdos asquerosos, le escupen a la cara...

Ciego: ¿Y él qué hace... qué dice, ese pobre santo hijo de Dios?

Tullido: No dice, no habla, no se rebela... ni siquiera los mira enfadado, a esos energúmenos...

Ciego: ¿Y cómo los mira?

Tullido: Los mira con melancolía.

Ciego: Querido hijo... no me cuentes nada de lo que va ocurriendo, que se me cierra el estómago... y siento frío en el corazón, y tengo miedo de que sea algo parecido a la compasión.

Tullido: Yo también siento que el aliento se me detiene en la garganta y escalofríos en los brazos... Vamos, vámonos de aquí.

Ciego: Sí, vamos a encerrarnos en uno de esos lugares donde se puede evitar conocer estos hechos dolorosos. Conozco una taberna...

Tullido: ¡Escucha!

Ciego: ¿Qué?

TULLIDO: Ese alboroto... aquí cerca.

CIEGO: ¿No será el santo que llega?

TULLIDO: Oh, Dios nos haga gracia, no me asustes que estamos perdidos... allí junto a la columna no queda nadie...

CIEGO: ¿Ni siquiera Jesús, hijo de Dios? ¿Dónde se han metido?

TULLIDO: Ahí están... llegan todos en procesión... ¡estamos perdidos!

CIEGO: ¿Viene también el santo?

TULLIDO: Sí, está en el medio... ¡cargado con una cruz enorme, el pobre!

CIEGO: No te pierdas en compasión... mejor date prisa en guiarme a algún sitio donde podamos ocultarnos de sus ojos...

TULLIDO: Sí, vamos... tuerce a la derecha... corre, corre, antes de que pueda mirarnos ese santo milagrero...

CIEGO: Oh, me he torcido el tobillo... no puedo moverme.

TULLIDO: Que te venga un cáncer... ¿justo ahora?... ¿no podías mirar dónde ponías los pies?

CIEGO: Pues claro que no podía mirar... ¡soy ciego y no puedo verme los pies! ¿Cómo que no puedo? Sí que puedo... ¡me los veo! Me veo los pies... ¡oh, qué pies tan bonitos tengo! Santos y guapos... con todos sus dedos... ¿cuántos dedos? Cinco en cada pie... y con las uñas gordotas y pequeñitas colocadas en fila... Oh, os quiero besar a todas, una a una.

TULLIDO: Estás loco... despacio, que me vuelcas. Ay... me has matado... desgraciado... si pudiera darte de patadas... ¡toma! (*Le da una patada.*)

CIEGO: Qué maravilla... también veo el cielo... y los árboles... ¡y las mujeres! (*Como si las viera pasar.*) ¡Qué guapas son las mujeres!... ¡No todas!

TULLIDO: ¿Pero de verdad he sido yo quien te ha dado la patada? Déjame probar otra vez: sí... sí... ¡Qué día tan aciago... estoy acabado!

CIEGO: ¡Bendito sea ese santo que me ha curado! Veo lo que no he visto en mi vida... he sido un pobre imbécil por querer rehuirle, pues no hay en el mundo cosa más dulce y alegre que la luz.

TULLIDO: Que el diablo se lo lleve y, con él, a todos los agradecidos... ¿Tenía yo que ser tan miserable y desventurado como para que me mirara ese hombre lleno de amor?

CIEGO: El loco era yo, ahora lo veo claro, por querer escapar del buen camino para quedarme en el oscuro... ¡sin saber que poder ver era un premio tan grande! Oh, qué bonitos los colores coloreados... los ojos de las mujeres... los labios y todo lo demás... qué bonitas las hormigas y las moscas... y el sol... ¡no puedo esperar a que llegue la noche para ver las estrellas e ir a la taberna a descubrir el color del vino! ¡*Deo gratias*, hijo de Dios!

TULLIDO: Ay de mí... tendré que servir a un amo y sudar sangre para poder comer... Oh, desventura desventurada y puerca... Tendré que ir en busca de otro santo que me conceda la gracia de lisiarme otra vez los jarretes...

CIEGO: Hijo de Dios maravilloso... ¡no hay palabras ni en vulgar ni en latín que puedan decir que tu piedad es como un río crecido! ¡Aplastado bajo una cruz, aún te queda tanto amor como para pensar en las desgracias de desgraciados como nosotros!

El Bodegón de las Cebollas

Günter Grass

De la obra *El tambor de hojalata*

Visto desde la calle, el Bodegón de las Cebollas parecíase a muchos otros de esos pequeños restaurantes modernos que se distinguen de los más antiguos en que son más caros. La razón de los precios más altos podría buscarse en la extravagante decoración interior de los locales modernos, llamados locales de artistas, así como en los nombres que suelen ostentar, desde el discreto "Ravioli", pasando por el misterioso o existencialista "Tabú", hasta el fuerte y fogoso "Paprika" —o el Bodegón de las Cebollas, por ejemplo.

Con mano deliberadamente inhábil habían pintado el nombre de Bodegón de las Cebollas y la imagen expresivamente ingenua de una cebolla en un escudo de esmalte que, a la manera alemana antigua, colgaba frente a la fachada de una horca de hierro colado con muchos recovecos. Vidrios abombados de un verde color botella de cerveza vestían la única ventana. Ante la verja pintada al minio, que en los malos años pudo haber servido de puerta de un refugio antiaéreo, montaba guardia, revestido de una zamarra rústica, el portero. No todo el mundo podía entrar en el Bodegón de las Cebollas. Sobre todo los viernes, en que los sueldos semanales se convertían en cerveza, era cosa de negar la admisión a los cofrades del barrio viejo, para los que, por lo demás, el Bodegón de las Cebollas habría resultado demasiado caro. Pero el que podía entrar hallaba detrás de la verja de minio cinco gradas de cemento, bajábalas, hallábase en un descansillo de un metro por un metro —al que el cartel de una exposición de Picasso confería mayor categoría y originalidad—, bajaba otras gradas, cuatro esta vez, y se encontraba ante el guardarropa. "¡Se ruega pagar después!", rezaba un letrero de cartón, y el joven de detrás del guardarropa —por lo regular un discípulo barbudo de la Academia de Bellas Artes— nunca aceptaba el dinero por adelantado, porque el Bodegón de las Cebollas era caro, sin duda, pero serio, eso sí.

El dueño recibía personalmente a cada uno de sus huéspedes, lo que hacía con cejas y gestos extremadamente móviles, como si se tratara de practicar con todo nuevo huésped una ceremonia de iniciación. Como ya sabemos, el dueño se llamaba Schmuh, cazaba ocasionalmente gorriones y poseía el sentido de aquella sociedad que, después de la reforma monetaria, vino a formarse en Düsseldorf con cierta rapidez, y en otros sitios con no tanta, pero de todos modos.

El Bodegón de las Cebollas propiamente dicho era —y en esto se aprecia la seriedad del local acreditado— una bodega auténtica, inclusive algo húmeda.

Comparémosla con un tubo largo de pie plano, de unos cuatro metros por dieciocho, que habían de caldear dos estufas de tubos asimismo originales. Claro que, en realidad, la bodega no era tal bodega. Le habían quitado el techo, ampliándola arriba con la planta baja. Y así, la única ventana del Bodegón de las Cebollas tampoco era una ventana de bodega, sino la antigua ventana del local de la planta baja, lo que sin embargo sólo en forma insignificante afectaba a la seriedad del local acreditado. Comoquiera, sin embargo, que de no haber estado provista de vidrios abombados se hubiera podido ver por la ventana, y comoquiera que se había construido en la parte de la bodega ampliada hacia arriba una galería, a la que se podía subir por una escalera de gallinero de lo más original, bien puede designarse al Bodegón de las Cebollas como local serio, aunque no fuera propiamente una bodega; después de todo, ¿por qué había de serlo?

Se me estaba pasando indicar que tampoco la escalera de gallinero de la galería era en realidad una escalera de gallinero propiamente dicha, sino más bien una especie de escalerilla de barco, ya que, a derecha e izquierda de la escalera peligrosamente empinada, uno podía agarrarse a sendas cuerdas de tender de lo más originales también. Este conjunto oscilaba un poco, hacía pensar en un viaje por mar y encarecía en consecuencia el Bodegón de las Cebollas.

Unas lámparas de carburo, como las que suelen usar los mineros, iluminaban el Bodegón de las Cebollas, esparcían un olor a carburo —lo que daba ocasión a un nuevo aumento de los precios— y transportaban al huésped de pago del Bodegón de las Cebollas a las galerías de una mina, digamos de potasio, a novecientos cincuenta metros bajo tierra: mineros con los torsos desnudos que pican en la roca y atacan una vena, el raspador que recoge el mineral, las perforadoras que rugen, las vagonetas que se llenan; allá a lo lejos, donde la galería dobla hacia la sala Friedrich Dos, una luz que oscila: es el jefe de turno: se acerca, dice "¡buena suerte!", y mueve una lámpara de carburo exactamente igual que aquellas lámparas de carburo que colgaban de las paredes sin revoque, someramente enjalbegadas, del Bodegón de las Cebollas, iluminando, oliendo, aumentando los precios y esparciendo una atmósfera original.

Los asientos incómodos —unas cajas vulgares— estaban tapizados con sacos de cebollas, pero las mesas de madera, en cambio, brillaban bien pulidas y sacaban al parroquiano de la mina hacia unos apacibles comedores campestres, como suelen verse en el cine.

Eso era todo. ¿Y el mostrador? No había mostrador. ¡Camarero, la carta, por favor! Ni camarero, ni carta. Sólo falta nombrarnos a nosotros, *The Rhine River Three*. Klepp, Scholle y Oscar sentábanse bajo la escalera de gallinero que era en realidad una escalera de barco, llegaban a las nueve, sacaban sus instrumentos y empezaban a tocar a eso de las diez. Pero como ahora sólo son las nueve y cuarto, dejemos para después lo que a nosotros se refiere. Por lo pronto pongamos nuestra mira en Schmuh tal como Schmuh apuntaba con su escopeta a los gorriones.

Así que el Bodegón de las Cebollas se había llenado —medio lleno contaba como lleno—, Schmuh, el dueño, se ponía el mandil. El mandil, de seda azul cobalto, era estampado, especialmente estampado, y se menciona porque el acto de ponérselo el dueño revestía importancia. El motivo estampado puede designarse como cebollas doradas. Y sólo cuando él se lo ponía podía decirse que el Bodegón estaba abierto.

Los parroquianos: comerciantes, médicos, abogados, artistas y actores, periodistas, gente del cine, deportistas conocidos, altos funcionarios del Estado o del Municipio y, en resumen, todos cuantos hoy en día se dicen intelectuales sentábanse allí con sus esposas, sus amigas, sus secretarias, sus decoradoras, así como también con amiguitas masculinas, sobre las cajas tapizadas de arpillera y, hasta tanto que Schmuh no se ponía el mandil con las cebollas doradas, hablaban en voz baja, en tono de cansancio y como cohibidos. Esforzábanse por iniciar una conversación, pero sin conseguirlo; los mejores propósitos naufragaban sin llegar a tocar los verdaderos problemas; de buena gana habríanse soltado, diciendo de una vez por todas la verdad, descargándose el hígado, el corazón, los pulmones, dejando de lado toda reflexión, para exponer la verdad sin tapujos y mostrarse al desnudo; pero no era posible. Aquí y allá se apuntan los contornos de una carrera frustrada, de un matrimonio desgraciado. Aquel señor de la cabeza maciza e inteligente y de manos blandas y casi delicadas parece tener dificultades con su hijo, que no quiere aceptar el pasado de su padre. Las dos damas de abrigo de visón, que a la luz del carburo no tienen mal aspecto, pretenden haber perdido la fe. ¿En qué? No se sabe. Tampoco se ha llegado a saber nada del pasado de aquel señor de la cabeza maciza, ni de cuáles pueden ser las dificultades que le crea el hijo al padre a propósito de su pasado; es, en conjunto —perdónesele a Oscar la comparación—, como antes de poner el huevo: esfuerzos, más esfuerzos...

Esforzábase en vano el Bodegón de las Cebollas, hasta que el dueño Schmuh hacía una breve aparición con el mandil de marras, agradecía el "¡Ah!" con que se le acogía, desaparecía luego durante unos minutos detrás de un telón al final de la bodega, donde quedaban los excusados y un depósito, y salía de nuevo a escena.

Pero, ¿por qué acoge al patrón, al presentarse éste de nuevo ante sus huéspedes, otro "¡Ah!" más alegre todavía y casi de liberación? Veamos: el dueño de un acreditado local nocturno desaparece tras un telón, toma algo del depósito, regaña un poco en voz baja a la mujer de los lavabos que está sentada allí leyendo una revista ilustrada, sale de nuevo a escena y se le acoge como si fuera el Salvador o el tío millonario. Schmuh avanzaba entre sus huéspedes con un pequeño cesto colgándole del brazo. Recubría el cestito un paño de cuadros azules y amarillos. Sobre el paño había unas tablitas de madera recortadas con figuras de puercos y de peces. El fondista Schmuh repartía entre sus huéspedes estas tablitas delicadamente pulidas. Hacía unas reverencias y unos cumplidos reveladores de que había pasado su juventud en Budapest y en Viena. La sonrisa de Schmuh parecíase a la copia que se hubiese sacado de una copia de la presunta Mona Lisa auténtica.

Los parroquianos tomaban las tablitas con la mayor ceremonia. Algunos las cambiaban entre sí. A uno le gustaba más la figura del puerco, otro —u otra, si se trataba de una dama— prefería al puerco doméstico ordinario la figura más misteriosa del pez. Husmeaban las tablitas, las pasaban de un lado a otro, y el patrón Schmuh esperaba, después de haber servido asimismo a los clientes de la galería, hasta que todas las tablitas quedaran en reposo.

Luego —todos los corazones se mantenían expectantes—, apartaba, con un gesto parecido al de un mago, el paño que cubría el cesto: aparecía, recubriendo a éste, un segundo paño sobre el que se hallaban, difíciles de identificar a primera vista, los cuchillos de cocina.

Lo mismo que anteriormente, Schmuh distribuía ahora los cuchillos. Pero ahora procedía a su ronda con mayor rapidez, aumentando aquella tensión que le permitía a él aumentar los precios, y ya no hacía cumplidos ni permitía que se cambiaran los cuchillos de cocina, sino que imprimía a sus movimientos una premura bien dosificada y anunciaba en voz alta: "¡Preparados! ¡Listos! ¡Ya!", y arrancando del cesto la segunda cubierta, metía la mano en él y distribuía, repartía, esparcía entre el pueblo; era el dispensador benévolo, el proveedor de sus clientes; y les daba cebollas, unas cebollas como las que, doradas y ligeramente estilizadas, ostentaba en su mandil: cebollas comunes y corrientes, bulbos, nada de bulbos de tulipanes, sino cebollas como las que compra el ama de casa, cebollas como las que vende la verdulera, cebollas como las que plantan y cosechan el campesino o la campesina o la sirvienta, como las que, más o menos bien reproducidas, pueden verse pintadas en los bodegones de los pequeños maestros holandeses. Éstas eran las cebollas que repartía el fondista Schmuh entre sus huéspedes, hasta que todos ellos las tenían y ya no se oía más que el ronronear de las estufas de tubos y el sisear de las lámparas de carburo: tal era el silencio que se producía después de la gran distribución de las cebollas. Y Ferdinand Schmuh exclamaba:

—¡Cuando gusten, damas y caballeros! —echábase uno de los extremos del mandil sobre el hombro izquierdo, tal como lo hacen los esquiadores en el momento de lanzarse, y daba con ello la señal.

Procedíase a mondar las cebollas. Dícese de éstas que tienen siete pieles. Las damas y los caballeros mondaban las cebollas con los cuchillos de cocina. Les iban quitando la primera, la tercera piel rubia, dorada, pardo rojiza o, mejor dicho, la piel color de cebolla, e iban pelando hasta que la cebolla se hacía vítrea, verde, blancuzca, húmeda, acuosa, pegajosa, y olía, olía a cebolla; y luego procedían a cortar, tal como se cortan las cebollas, y cortaban, con mayor o menor habilidad, sobre unas tablitas que tenían figuras de puercos y de peces, cortaban en éste y en el otro sentido, y el jugo saltaba en chorritos y se comunicaba a la atmósfera por encima de las cebollas. Los señores de cierta edad, poco expertos en materia de cuchillos de cocina, tenían que poner cuidado en no cortarse los dedos, lo que de todos modos hacían algunos sin darse cuenta; las damas, en cambio, eran mucho más hábiles, no todas, pero sí aquellas que eran buenas amas de casa y sabían cómo deben cortarse las cebollas para las patatas salteadas, digamos, o para el hígado frito con rizos de cebolla; pese a lo cual, en el Bodegón de las Cebollas de Schmuh nada servían de comer, y el que quería comer tenía que irse a algún otro sitio, al "Pescadito", por ejemplo, y no al Bodegón de las Cebollas, porque aquí sólo se cortaban cebollas. ¿Cómo así? Porque así se llamaba justamente, y, lo que es más, porque la cebolla, la cebolla cortada, si bien se mira adentro... no, los clientes de Schmuh ya no veían nada, o algunos ya no veían nada, porque les venían las lágrimas a los ojos. No porque se les desbordara el corazón, porque no se ha dicho que cuando el corazón se desborda los ojos hayan necesariamente de llorar; los hay que no lo logran nunca, sobre todo durante los últimos decenios pasados, y por ello algún día se designará a nuestro siglo como el siglo sin lágrimas, pese a todos sus sufrimientos, y por ello también precisamente, por razón de esta falta de lágrimas, la gente que disponía de los medios para ello iba al Bodegón de las Cebollas de Schmuh y se hacía servir por el dueño una tablita de picar —puerco o pescado— y un cuchillo de cocina por ochenta peniques y, por doce marcos, una vulgar cebolla de cocina, de jardín o de campo, y la iban cortando en pedacitos cada vez más pequeños, hasta que el jugo lo lograba. ¿Qué lograba? Lograba eso que el mundo y el dolor de este mundo no lograban producir, a saber: la lágrima esférica y humana. Aquí sí se lloraba. Aquí, por fin, volvíase a llorar. Se lloraba discretamente, o sin reserva, abiertamente. Aquí corrían las lágrimas y lo lavaban todo. Aquí llovía, aquí caía el rocío. Oscar piensa en esclusas que se abren, en diques que se rompen en caso de inundación. ¿Cómo es el nombre de ese río que se sale todos los años de su cauce sin que el gobierno haga nada por evitarlo? Y después de aquel cataclismo natural, por doce marcos ochenta, la humanidad, libre ya de sus lágrimas, hablaba. Vacilantes aún y sorprendidos por la novedad de su propio lenguaje escueto, los parroquianos del Bodegón de las Cebollas abandonábanse tras el banquete, sentados en incómodas cajas tapizadas de arpillera, los unos a los otros, y se dejaban preguntar y volver del revés como se vuelve un abrigo. Oscar, sin embargo, que estaba sentado con Klepp y Scholle, sin lágrimas, bajo aquella casi escalera de gallinero, quiere ser discreto, y de todas aquellas revelaciones, autoacusaciones, confesiones y declaraciones no contará más que la historia de aquella señorita Pioch que volvía siempre a perder a su señor Vollmer, lo que le endureció el corazón y le secó los ojos y hacía que tuviera siempre que volver al costoso Bodegón de las Cebollas de Schmuh.

Nos encontramos, decía la señorita Pioch después de haber llorado, en el tranvía. Yo volvía del negocio —posee y dirige una excelente librería—, el coche estaba repleto, y Willy —ése era el señor Vollmer— me pisó con rudeza el pie derecho. Yo no podía aguantarme de pie; fue un amor a primera vista. Mas como tampoco podía andar, él me ofrecía su brazo y me acompañó, o mejor dicho, me llevó a casa y, a partir de aquel día, cuidó tiernamente aquella uña del pie que con su pisotón se me había puesto azul negruzca. Pero también en lo demás se comportó con mucho cariño, hasta que la uña se me desprendió del dedo gordo derecho y nada se oponía ya al crecimiento de una uña nueva. A partir del día en que se me cayó la uña mala, su cariño empezó a enfriarse. Sufríamos los dos por efecto de aquel decaimiento. Y en esto me hizo Willy, porque seguía queriéndome y también porque los dos teníamos mucho en común, aquella espantosa proposición:

"Deja que te pise el dedo gordo izquierdo, hasta que la uña se ponga azul rojiza y luego azul negruzca". Yo accedí y él lo hizo. Instantáneamente volví a entrar en posesión de su amor y pude saborearlo hasta que la uña del dedo gordo izquierdo se me cayó también cual hoja seca. Y nuevamente nuestro amor se hizo otoñal. Ahora quería Willy volver a pisarme el dedo gordo derecho, cuya uña había crecido entretanto, para poder seguir amándome de nuevo. Pero yo no lo permití y le dije: "Si tu amor es verdaderamente grande y sincero, ha de poder sobrevivir a una uña de dedo gordo". Pero él no me comprendió y me dejó. Después de varios meses, volvimos a encontrarnos en una sala de conciertos. Pasado el intermedio, y comoquiera que a mi lado había un lugar vacío, él se vino a sentar conmigo sin que yo se lo pidiera. Cuando durante la Novena Sinfonía empezó a cantar el coro, deslicé hacia los suyos mi pie derecho, del que previamente me había quitado el zapato. Él pisó y yo logré no perturbar el concierto. Después de siete semanas, Willy me abandonó de nuevo. Dos veces más pudimos todavía pertenecernos mutuamente por espacio de algunas semanas, porque en dos ocasiones le tendía una vez el gordo izquierdo y luego el derecho. Hoy tengo los dos dedos hechos una lástima. Las uñas no quieren ya crecer. De vez en cuando Willy viene a visitarme, se sienta a mis pies sobre la alfombra y contempla conmovido y lleno de compasión para conmigo y para con él mismo, pero sin amor y sin lágrimas, las dos víctimas, desuñadas, de nuestro amor. A veces le digo: "Ven, Willy, vamos al Bodegón de las Cebollas de Schmuh y lloremos allí a moco tendido". Pero hasta el presente nunca ha querido acompañarme. El pobre no conoce el consuelo de las lágrimas.

Más adelante —y esto Oscar sólo lo revela para satisfacer la curiosidad que puedan haber sentido ustedes— vino también al Bodegón el señor Vollmer, que por lo demás tenía un negocio de aparatos de radio. Lloraron juntos y, lo dijo ayer Klepp durante la hora de visita, parece que se han casado no hace mucho.

Aunque la tragedia de la existencia humana se manifestara así ampliamente de lunes a sábado —los domingos el Bodegón permanecía cerrado— después del consumo de cebollas, quedaba reservado a los clientes de los lunes proporcionar los llorones no más trágicos, pero sí más violentos. Los lunes era más barato. Schmuh ofrecía las cebollas a la juventud a mitad de precio. Las más de las veces venían estudiantes de medicina de ambos sexos, pero también los de la Academia de Bellas Artes, sobre todo los que más adelante querían ser profesores de dibujo; gastaban en cebollas parte de sus becas. Pero, ¿de dónde —sigo hoy preguntándome— sacaban los alumnos de bachillerato el dinero para sus cebollas?

La juventud llora de otro modo que la vejez. También los problemas de la juventud son muy distintos de los de ésta. No siempre son problemas de exámenes o de graduación. Sin duda que se discutían también en el Bodegón de las Cebollas historias de padres e hijos y de madres e hijas, pero, por más que la juventud se sintiera incomprendida, dicha incomprensión no lograba arrancarle muchas lágrimas. Alegrábase Oscar de que la juventud siguiera llorando por amor, lo mismo que antes, y no sólo por amor sexual. Gerardo y Gudrún: al principio se sentaban siempre abajo y sólo luego lloraban juntos en la galería.

Ella, grande, fuerte, una pelotari que estudiaba química. Se anudaba la abundante cabellera en la nuca. Gris y no obstante maternal, tal como antes del fin de la guerra pudo verse por espacio de varios años en los carteles de la Organización Femenina, su mirada era absolutamente limpia y, las más de las veces, directa. Por muy blanca, lisa y combada que fuera su frente, su rostro revelaba las trazas de su desgracia. De la nuez para arriba, por sobre la fuerte barbilla redonda y comprendiendo ambas mejillas, una barba absolutamente masculina, que la infeliz trataba siempre de rasurarse, dejábale unas huellas horrorosas. Es probable que la piel delicada no soportara bien la hoja de afeitar. Gudrún lloraba su desgracia: una cara enrojecida, agrietada, llena de granos, en la que la barba nunca se cansaba de crecer. Gerardo sólo vino al Bodegón de las Cebollas algo más tarde. Se conocieron no en el tranvía, como la señorita Pioch y el señor Vollmer, sino en el tren. Estaban sentados frente a frente y regresaban de las vacaciones semestrales. Él la quiso en seguida, con barba y todo. Ella, acomplejada con su barba, no se atrevía a quererlo, pero admiraba —justamente lo que a él le hacía infeliz— la piel de la barbilla de Gerardo, lisa como la de las nalgas de un bebé, porque al mozo no le crecía la barba, y por eso era tímido con las muchachas. De todos modos, Gerardo le habló a Gudrún, y cuando bajaron del tren en la Estación Central de Düsseldorf, eran ya por lo menos amigos. A partir de aquel viaje, siguieron viéndose a diario. Hablaban de esto y de aquello, comunicábanse también una parte de sus pensamientos respectivos, pero salvando siempre aquello de la barba ausente y de la que no se cansaba de crecer. Además, Gerardo trataba a Gudrún con delicadeza y, a causa de su piel martirizada, no la besaba nunca. Y en esta forma, ambos se mantuvieron castos, aunque ni al uno ni a la otra les importara mucho la castidad, ya que, al cabo, ella estaba entregada a la química y él aspiraba a hacerse médico. Cuando en una ocasión un amigo común les aconsejó el Bodegón de las Cebollas, los dos, escépticos como suelen serlo los químicos y los médicos, sonrieron al principio despectivamente. Pero de todos modos acabaron por ir, para practicar allí, según se lo aseguraban mutuamente, cierto tipo de estudios. Oscar ha visto raramente dos personas jóvenes llorar como lloraban ellos. Volvían una y otra vez, ahorraban los seis marcos cuarenta de sus alimentos y lloraban a causa de la barba ausente y de aquella que destrozaba la delicada piel de la muchacha. A veces trataban de evitar el Bodegón de las Cebollas y dejaban efectivamente de acudir un lunes, pero al siguiente volvían y revelaban llorando, desmenuzando entre los dedos los pedacitos de cebolla, que habían querido ahorrarse los seis marcos cuarenta. Habían probado la cosa en su covacha con una cebolla barata, pero no era lo mismo que en el Bodegón de las Cebollas. Hacía falta un auditorio. Era mucho más fácil llorar en compañía. Al sentimiento verdadero de comunidad sólo podía llegarse si a derecha e izquierda y arriba en la galería lloraban también los condiscípulos de esta o aquella facultad, los de la Academia de Bellas Artes y hasta los colegiales.

Pero en el caso de Gerardo y Gudrún fue produciéndose, después de las lágrimas, una curación progresiva. Es posible que el líquido lacrimal se llevara sus respectivos complejos. Llegaron, como suele decirse, a mayor intimidad. Él besaba la piel desollada de ella, y ella hallaba placer en la piel fina de él, hasta que un buen día dejaron de venir: ya no lo necesitaban. Oscar se los encontró meses más tarde y casi no los hubiera reconocido: él, el Gerardo barbilampiño, ostentaba una magnífica barba pelirroja, y ella, la Gudrún de piel martirizada, ya sólo dejaba ver un ligero vello oscuro, que la favorecía mucho, por encima del labio superior. Su barbilla y sus mejillas, en cambio, brillaban lisas y sin traza alguna de vegetación. Se casaron siendo estudiantes todavía. Oscar puede oírlos cincuenta años más tarde, rodeados de sus nietos. Ella, Gudrún: "Eso era cuando el abuelito no tenía barba todavía". Y él, Gerardo: "Eso era cuando a la abuelita la atormentaba todavía su barba, y los dos íbamos los lunes al Bodegón de las Cebollas".

Pero ¿por qué, preguntarán ustedes, siguen los tres músicos sentados bajo la escalera que podía ser de barco o de gallinero? ¿Es que, con todo aquel llorar, gemir y rechinar de dientes, aquella tienda de cebollas necesitaba además una orquesta auténtica y permanente?

Así que los clientes habían agotado sus lágrimas y vaciado sus corazones, nosotros echábamos mano a nuestros instrumentos y proporcionábamos la transición a la conversación normal, facilitando a los huéspedes la salida del Bodegón para que pudieran entrar otros.

Klepp, Scholle y Oscar eran contrarios a las cebollas. Además, había en nuestro contrato con Schmuh una cláusula que nos prohibía a nosotros saborear las cebollas en la misma forma que los clientes. Pero tampoco las necesitábamos. Scholle, el guitarrista, no tenía motivo alguno de queja, pues siempre se le veía feliz y contento, aun cuando en medio de un *ragtime* se le rompieran dos cuerdas del banjo a la vez. Por lo que se refiere a mi amigo Klepp, las nociones de llorar y reír siguen trabucándosele totalmente todavía hoy. Encuentra el llorar alegre, nunca lo he visto reír tanto como en ocasión del entierro de su tía que, antes de que él se casara, le lavaba las camisas y los calcetines. Pero ¿qué pasaba con Oscar? Oscar sí hubiera tenido motivo suficiente para llorar. ¿No tenía que lavarse, a fuerza de lágrimas, la imagen de la señorita Dorotea y de aquella larga noche inútil sobre una alfombra de coco más larga todavía? Y mi María, ¿no me daba ya bastante motivo de queja? ¿No entraba y salía del piso de Bilk como le daba la gana su famoso jefe, el tal Stenzel? ¿Acaso mi hijo, el pequeño Kurt, no llamaba al negociante de comestibles finos y esporádicamente también de artículos de carnaval primero "tío Stenzel", y luego "papá Stenzel"? Y detrás de María, ¿no yacían allá lejos, bajo la arena suelta del cementerio de Saspe y bajo la arcilla del de Brenntau, mi pobre mamá, el alocado de Jan Bronski y el cocinero Matzerath, que sólo sabía expresar sus sentimientos en sopas? A todos hubiera tenido que llorarlos. Pero Oscar pertenecía al número reducido de los bienaventurados que para llorar no necesitan cebollas. Mi tambor me ayudaba en ello. Sólo se necesitaban unos cuantos compases determinados para que a Oscar le fluyeran lágrimas ni mejores ni peores que las costosas lágrimas del Bodegón de las Cebollas.

Tampoco el dueño Schmuh recurría nunca a las cebollas. Los gorriones que cazaba en setos y arboledas durante sus horas libres le proporcionaban un sustituto perfecto. ¿No ocurría con frecuencia que Schmuh, después de los tiros, alineara los doce pajarillos cazados sobre un papel de periódico, llorara a lágrima viva sobre los cuerpecitos emplumados, tibios todavía, y, sin dejar de llorar, esparciera alpiste por los prados del Rin y sobre la grava de la orilla? Esto aparte, ofrecíasele además en el Bodegón de las Cebollas otra posibilidad de desahogar su dolor. Tenía por costumbre increpar una vez por semana a la mujer de los excusados, insultándola a veces con palabras anticuadas, como manceba, ramera, coima, alevosa, meretriz. "¡Fuera de aquí —oíasele gritar—, apártate de mi vista, infame!". Y la despedía en el acto y contrataba a otra; pero topó pronto con dificultades, pues ya no había manera de encontrarlas nuevas, de modo que tenía que volver a confiar el puesto a mujeres que ya había despedido alguna vez. Ellas volvían de buena gana, primero porque no entendían la mayoría de los insultos que les dirigía Schmuh, y luego porque en el Bodegón de las Cebollas ganaban buen dinero. El llorar hacía que los huéspedes tuvieran que acudir a los *toilettes* con mayor frecuencia que en otros lugares y, además, el hombre que llora es más generoso que el de ojo seco. En particular eran los caballeros que "se excusaban un momento" los que, con caras encendidas, húmedas y congestionadas, se metían más profundamente y de buena gana la mano en el bolsillo. Además, las encargadas de los *toilettes* vendían a los parroquianos los célebres pañuelos de cebollas estampadas que llevaban atravesada la inscripción "Al Bodegón de las Cebollas". Dichos pañuelos eran bastante graciosos y se podían utilizar no sólo para secarse las lágrimas, sino también para ponérselos en la cabeza. Los clientes masculinos del Bodegón se mandaban hacer unos banderines triangulares con los cuadrados de colores y los colgaban en el vidrio de atrás de sus autos, de modo que durante los meses de vacaciones llevaban el Bodegón de las Cebollas de Schmuh a París, a la Costa Azul, a Roma, Rávena, Rímini e inclusive a la remota España.

Osman Punichek

Leo Maslíah

De la obra *El animal que todos llevamos dentro*

Cuando Osman Punichek nació, sus padres pusieron el grito en el cielo; el pequeño era retrasado mental. Pero la ira de los Punichek fue dirigida a los dioses, al destino, a la mala suerte. Osman no la sufrió. Al contrario, sus padres lo trataron con cariño y especial consideración. A veces hasta se echaban a sí mismos la culpa de que su hijo fuera retrasado mental. "¿No será algo que comí?", solía decir la madre.

Largamente se discutió en la familia si Osman debería concurrir a una escuela normal o a una especial para retrasados mentales. Finalmente se resolvió lo primero, y Osman supo retribuir a sus padres el favor de tal elección con una excelente escolaridad. Se destacaba por sobre todos sus compañeros en las asignaturas científicas y humanísticas, y en deportes no había quien lo batiera. Las sobresalientes calificaciones de Osman enorgullecían doblemente a sus padres, ya que no sólo eran meritorias de por sí, sino también, y muy especialmente, por ser las calificaciones de un retrasado mental. Por si esto fuera poco, Osman gozaba de una constitución física privilegiada y era muy apuesto, quizá como compensación de la Naturaleza por su retraso mental.

Ya desde su más temprana adolescencia las chicas se peleaban por salir con él. Algunas, es cierto, cuando se enteraban de que Osman era retrasado, se arrepentían y le decían: "Hoy no, Osman, tal vez en otra ocasión". Pero en general la deficiencia de Osman no era óbice para que él cultivara todo tipo de romances, desde los más apasionados y efímeros hasta los más sólidos y duraderos, como el que aún sostiene con su actual esposa, la distinguida licenciada Muriel Van Jaen.

Osman conoció a Muriel en el marco del Cuarto Ciclo de Conferencias sobre Semiología Médica realizado en Princeton. Esa materia no fue nunca la especialidad de Osman, pero sus trabajos sobre el tema habían interesado sobremanera al comité organizador, sobre todo teniendo en cuenta que eran trabajos de un retardado mental.

Desde sus épocas de universitario, el *hobby* de Osman Punichek es el ajedrez. La revista soviética *64* publicó recientemente el desarrollo de la partida amistosa que Osman le ganó al campeón de Hungría. El artículo consigna que este jugador comentó, al término del encuentro: "Es la primera vez en mi vida que pierdo contra un retrasado mental".

Cuando Osman Punichek recibió el Premio Nobel de Física, en mérito a su notable reformulación de la mecánica cuántica, donó todo el dinero a la Fundación Riggelman, entidad que subvenciona en el mundo entero programas de atención a retardados mentales. "Sé que mi deficiencia es congénita y que tendré que cargar con ella toda mi vida", declaró a la prensa en la oportunidad, "pero quiero ayudar a que las nuevas generaciones de retardados tengan un buen pasar".

Perro de San Bernaldo

César Bruto

De la obra *Lo que me gustaría ser a mí si no fuera lo que yo soy*

Sienpre que viene el tienpo fresco, o sea al medio del otonio, a mí me da la loca de pensar ideas de tipo eséntrico y esótico, como ser por egenplo que me gustaría venirme golondrina para agarrar y volar a los paíx adonde haiga calor, o de ser hormiga para meterme bien adentro de una cueva y comer los produptos guardados en el verano o de ser una bívora como las del sológicO, que las tienen bien guardadas en una jaula de vidro con calefación para que no se queden duras de frío, que es lo que les pasa a los pobre seres humano que no pueden comprarse ropa con lo cara questá, ni pueden calentarse por la falta de querosén, la falta del carbón, la falta de lenia, la falta de petrólio y tamién la falta de plata, porque cuando uno anda con biyuya ensima puede entrar a cualquier boliche y mandarse una buena grapa que hay que ver lo que calienta, aunque no conbiene abusar, porque del abuso entra el visio y del visio la dejeneradés tanto del cuerpo como de las taras moral de cada cual, y cuando se viene abajo por la pendiente fatal de la falta de buena condupta en todo sentido, ya nadie ni nadies lo salva de acabar en el más espantoso tacho de basura del desprastijio humano, y nunca le van a dar una mano para sacarlo de adentro del fango enmundo entre el cual se rebuelca, ni más ni meno que si fuera un cóndoR que cuando joven supo correr y volar por la punta de las altas montanias, pero que al ser viejo cayó parabajo como bombardero en picada que le falia el motor moral. ¡Y ojalá que lo que estoy escribiendo le sirbalguno para que mire bien su comportamiento y que no searrepienta cuando es tarde y ya todo se haiga ido al corno por culpa suya!

Mirando de adentro para fuera por la ventana de mi piesa que da a la calie y al ver pasar en la calie a la jente que se apreta de frío encontra de las paré o de atajarse el agua de la yubia con el diario que es el pan espiritual de los que no son analfabetoS, yo pienso que me gustaría ser perro de saN bernaldO para ir aconpaniando a las personas débil y darles ayudas, como ser alcansarles a cada cual la cantinplora con aguardiente anisado, darles el botiquín para que se curen alguna herida que tengan, y lanberles afetuosamente con mi lengua la cara y las mano para que reasionen y entren en calor con todo el organismo del interior del cuerpo y puedan seguir caminando por la vida en busca de lo que cada cual tiene que buscar.

La madre de mibuelita, o sea mi rebuelita, antes cuando yo era chico me contaba cuentos con la vida de los perro de saN bernaldO que élia vió de chica en su paíx, y tanto menpresionaron de oírla que muchas vez mi viejo le dijo que no me contara más, porque a mi me dio por caminar en 4 patas y de andar ladrando a los vesinos... De los cuento de mi rebuelita, del que más me acuerdo es de una carabana de incursionistas que agarraron y subieron para arriba de una montania con él odgeto de ganar el canpionato de ascensión en altura. Parese que subieron y subieron y subieron y subieron y cuando estaban quién sabe a cuántos mil de metros de alto agarró y vino una tormenta de nieve y viento que los tapó por arriba y les hiso perder el rumbo y lasesperansas de salvarse.

¿Pero creen ustede que se murieron, por siacaso? ¡Qué graso error! Resulta que cuando en la hospedería de abajo se dieron cuenta de que los de arriba estaban jorobados, prepararon un lindo perro de saN bernaldO y le digieron: "¡Busque, busque! ¡Vaya a salvar a la jente que sestá muriendo. ¡Corra, corra!...".

¡Lo ques la indiosincracia de esas humildes bestia! Ahí adonde ni yo ni nadies es capás de olfatear en la nieve y encontrar la pista de los incursionistas, el noble perro desinteresado les olió las güelias y salió a los ladrido para la parte de arriba de la montania. Pasó una hora, pasó dos, pasó 3, y 4, y 5, pero a la final volvió el rejio perro trayendo arriba de su lomo a uno de los que naufragaron entre la nieve. Lo dejó en el suelo y salió corriendo otra vez, y de nuevo volvió trayendo a otro..., y así, ni corto ni peresoso, trajo a ventidós persona de anbos sexos, entre hombres y mugeres, ¡y cuando vino con el último, y se dió cuenta de que podía darse la satisfación del deber cumplido, le dió un desmayo al pobre perro que se había jugado la vida para salvar la de sus semejantes! Del efuerso que hiso, parese que se le rebentó adentro alguna cosa al pobre animal, porque nunca más pudo funcionar bien y justo a los 8 día de su gran hasania se fué al otro mundo. Pero contaba mi rebuelita que aquelias jente nunca se olvidaron del noble apto que hiso el perro y entre todos hisieron una buena colepta y le lebantaron un monumento de perro debajo de la montania, con una chapa de bronse con el nombre del perro escrito y la firma de las ventidós personas que salvó cueste lo que cueste...

Yo no es que estea deseando un munumento, pero siempre que me acuerdo del cuento me gustaría venirme perro salvador de jente. ¡Debe ser de lindo que los diario se ocupen de uno y que uno pueda ler las cosas de elojio que a uno le disen!

Conducta en los velorios

Julio Cortázar

De la obra *Historias de cronopios y de famas*

No vamos por el anís, ni porque hay que ir. Ya se habrá sospechado: vamos porque no podemos soportar las formas más solapadas de la hipocresía. Mi prima segunda la mayor se encarga de cerciorarse de la índole del duelo, y si es de verdad, si se llora porque llorar es lo único que les queda a esos hombres y a esas mujeres entre el olor a nardos y a café, entonces nos quedamos en casa y los acompañamos desde lejos. A lo sumo mi madre va un rato y saluda en nombre de la familia; no nos gusta interponer insolentemente nuestra vida ajena a ese diálogo con la sombra. Pero si de la pausada investigación de mi prima surge la sospecha de que en un patio cubierto o en la sala se han armado los trípodes del camelo, entonces la familia se pone sus mejores trajes, espera a que el velorio esté a punto, y se va presentando de a poco pero implacablemente.

En Pacífico las cosas ocurren casi siempre en un patio con macetas y música de radio. Para estas ocasiones los vecinos condescienden a apagar las radios, y quedan solamente los jazmines y los parientes, alternándose contra las paredes. Llegamos de a uno o de a dos, saludamos a los deudos, a quienes se reconoce fácilmente porque lloran apenas ven entrar a alguien, y vamos a inclinarnos ante el difunto, escoltados por algún pariente cercano. Una o dos horas después toda la familia está en la casa mortuoria, pero aunque los vecinos nos conocen bien, procedemos como si cada uno hubiera venido por su cuenta y apenas hablamos entre nosotros. Un método preciso ordena nuestros actos, escoge los interlocutores con quienes se departe en la cocina, bajo el naranjo, en los dormitorios, en el zaguán, y de cuando en cuando se sale a fumar al patio o a la calle, o se da una vuelta a la manzana para ventilar opiniones políticas y deportivas. No nos lleva demasiado tiempo sondear los sentimientos de los deudos más inmediatos, los vasitos de caña, el mate dulce y los Particulares livianos son el puente confidencial; antes de medianoche estamos seguros, podemos actuar sin remordimientos. Por lo común mi hermana la menor se encarga de la primera escaramuza; diestramente ubicada a los pies del ataúd, se tapa los ojos con un pañuelo violeta y empieza a llorar, primero en silencio, empapando el pañuelo a un punto increíble, después con hipos y jadeos, y finalmente le acomete un ataque de llanto que obliga a las vecinas a llevarla a la cama preparada para esas emergencias, darle a oler agua de azahar y consolarla, mientras otras vecinas se ocupan de los parientes cercanos bruscamente contagiados por la crisis. Durante un rato hay un amontonamiento de gente en la puerta de la capilla ardiente, preguntas y noticias en voz baja, encogimientos de hombros por parte de los vecinos. Agotados por un esfuerzo en que han debido emplearse a fondo, los deudos amenguan en sus manifestaciones, y en ese mismo momento mis tres primas segundas se largan a llorar sin afectación, sin gritos, pero tan conmovedoramente que los parientes y vecinos sienten la emulación, comprenden que no es posible quedarse así descansando mientras extraños de la otra cuadra se afligen de tal manera, y otra vez se suman a la deploración general, otra vez hay que hacer sitio en las camas, apantallar a señoras ancianas, aflojar el cinturón a viejitos convulsionados. Mis hermanos y yo esperamos por lo regular este momento para entrar en la sala mortuoria y ubicarnos junto al ataúd. Por extraño que parezca estamos realmente afligidos, jamás podemos oír llorar a nuestras hermanas sin que una congoja infinita nos llene el pecho y nos recuerde cosas de la infancia, unos campos cerca de Villa Albertina, un tranvía que chirriaba al tomar la curva en la calle General Rodríguez, en Bánfield, cosas así, siempre tan tristes. Nos basta ver las manos cruzadas del difunto para que el llanto nos arrase de golpe, nos obligue a taparnos la cara avergonzados, y somos cinco hombres que lloran de verdad en el velorio, mientras los deudos juntan desesperadamente el aliento para igualarnos, sintiendo que cueste lo que cueste deben demostrar que el velorio es el de ellos, que solamente ellos tienen derecho a llorar así en esa casa. Pero son pocos, y mienten (eso lo sabemos por mi prima segunda la mayor, y nos da fuerzas). En vano acumulan los hipos y los desmayos, inútilmente los vecinos más solidarios los apoyan con sus consuelos y sus reflexiones, llevándolos y trayéndolos para que descansen y se reincorporen a la lucha. Mis padres y mi tío el mayor nos reemplazan ahora, hay algo que impone respeto en el dolor de estos ancianos que han venido, desde la calle Humboldt, cinco cuadras contando desde la esquina, para velar al finado. Los vecinos más coherentes empiezan a perder pie, dejan caer a los deudos, se van a la cocina a beber grapa y a comentar; algunos parientes, extenuados por una hora y media de llanto sostenido, duermen estertorosamente. Nosotros nos relevamos en orden, aunque sin dar la impresión de nada preparado; antes de las seis de la mañana somos los dueños indiscutidos del velorio, la mayoría de los vecinos se han ido a dormir a sus casas, los parientes yacen en diferentes posturas y grados de abotagamiento, el alba nace en el patio. A esa hora mis tías organizan enérgicos refrigerios en la cocina, bebemos café hirviendo, nos miramos brillantemente al cruzarnos en el zaguán o los dormitorios; tenemos algo de hormigas yendo y viniendo, frotándose las antenas al pasar. Cuando llega el coche fúnebre las disposiciones están tomadas, mis hermanas llevan a los parientes a despedirse del finado antes del cierre del ataúd, los sostienen y confortan mientras mis primas y mis hermanos se van adelantando hasta desalojarlos, abreviar el último adiós y quedarse solos junto al muerto. Rendidos, extraviados, comprendiendo vagamente pero incapaces de reaccionar, los deudos se dejan llevar y traer, beben cualquier cosa que se les acerca a los labios y responden con vagas protestas inconsistentes a las cariñosas solicitudes de mis primas y mis hermanas. Cuando es hora de partir y la casa está llena de parientes y amigos, una organización invisible pero sin brechas decide cada movimiento, el director de la funeraria acata las órdenes de mi padre, la remoción del ataúd se hace de acuerdo con las indicaciones de mi tío el mayor. Alguna que otra vez los parientes llegados a último momento adelantan una reivindicación destemplada; los vecinos, convencidos ya de que todo es como debe ser, los miran escandalizados y los obligan a callarse. En el coche de duelo se instalan mis padres y mis tíos, mis hermanos suben al segundo y mis primas condescienden a aceptar a alguno de los deudos en el tercero, donde se ubican envueltas en grandes pañoletas negras y moradas. El resto sube donde puede, y hay parientes que se ven precisados a llamar un taxi. Y si algunos, refrescados por el aire matinal y el largo trayecto, traman una reconquista en la necrópolis, amargo es su desengaño. Apenas llega el cajón al peristilo, mis hermanos rodean al orador designado por la familia o los amigos del difunto, y fácilmente reconocible por su cara de circunstancias y el rollito que le abulta el bolsillo del saco. Estrechándole las manos, le empapan las solapas con sus lágrimas, lo palmean con un blando sonido de tapioca y el orador no puede impedir que mi tío el menor suba a la tribuna y abra los discursos con una oración que es siempre un modelo de verdad y discreción. Dura tres minutos, se refiere exclusivamente al difunto, acota sus virtudes y da cuenta de sus defectos, sin quitar humanidad a nada de lo que se dice; está profundamente emocionado, y a veces le cuesta terminar. Apenas ha bajado, mi hermano el mayor ocupa la tribuna y se encarga del panegírico en nombre del vecindario, mientras el vecino designado a tal efecto trata de abrirse paso entre mis primas y hermanas, que lloran colgadas de su chaleco. Un gesto afable pero imperioso de mi padre moviliza al personal de la funeraria; dulcemente empieza a rodar el catafalco, y los oradores oficiales se quedan al pie de la tribuna, mirándose y estrujando los discursos con sus manos húmedas. Por lo regular no nos molestamos en acompañar al difunto hasta la bóveda o sepultura, sino que damos media vuelta y salimos todos juntos, comentando las incidencias del velorio. Desde lejos vemos cómo los parientes corren desesperadamente para agarrar alguno de los cordones del ataúd y se pelean con los vecinos que entretanto se han posesionado de los cordones y prefieren llevarlos ellos a que los lleven los parientes.

El asesino de Papá Noel

Spencer Holst

De la obra *El idioma de los gatos*

Hubo una vez una persona que terminó con las guerras para siempre, al asesinar a cuarenta y dos Papás Noel.

Todo empezó unos diez días antes de Navidad, cuando un Papá Noel del Ejército de Salvación fue asesinado en un barrio.

Un diario de la mañana traía la noticia, pero al día siguiente otros cinco Papás Noel fueron asesinados y el hecho apareció en la primera plana de todos los diarios del país.

Cuatro de ellos fueron asesinados mientras recolectaban fondos para el Ejército de Salvación, y el quinto fue apuñalado en la sección Juguetería de Gimbel's.

¡La gente se sintió ultrajada! ¡Cómo se indignaron! Pensaban qué monstruo, qué engendro debía ser ese tipo, quiero decir, arruinarles la Navidad a los chicos asesinando a Papá Noel.

No se preocupaban por las vidas verdaderas de los hombres asesinados, tan sólo era el efecto que causaría a los chicos lo que molestaba a todos.

De manera que al día siguiente la ciudad estaba llena de policía metropolitana y estatal, agentes del FBI y hasta algunos funcionarios de Inteligencia de la Marina, agentes del Tesoro y funcionarios del Departamento de Justicia, todos los cuales encontraron pretextos para intervenir en el caso: y otros diez Papás Noel fueron muertos y no se atrapó al esquivo asesino.

Así que aquella noche todos los Papás Noel que estaban trabajando convocaron a una reunión secreta para decidir qué hacer.

Se daban cuenta de sus responsabilidades para con los chicos pero, por el otro lado, les parecía una especie de locura salir a la calle y ser atacados por este maniaco.

De modo que un hombre, que era valiente y no tenía a nadie que dependiera de él, se ofreció para salir al otro día, disfrazado y con una fuerte guardia armada.

Pero le cortaron la garganta en su cama, aquella noche.

Así que al otro día no había Papás Noel en la ciudad.

Y la gente estaba algo así como irritable y nerviosa, y los chicos lloraban, y no parecía Navidad sin los Papás Noel.

Pero al día siguiente, una volátil mujercita de Hollywood, una actriz que buscaba publicidad, salió vestida de Mamá Noel.

Y la gente y sus chicos se agolparon en torno de ella, ya que era lo más aproximado a Papá Noel que andaba por la calle, y consiguió un montón de publicidad, y no la mataron.

De modo que al día siguiente varias otras mujeres prominentes salieron todas vestidas de Mamá Noel, con el pelo empolvado de blanco y polleras coloradas y almohadones en sus vientres y sombreros de Papá Noel, y tampoco a ellas las mataron.

Decidieron que a lo mejor el maniaco había dejado de actuar, así que mandaron a la calle a un Papá Noel como globo de ensayo, pero una hora después su cuerpo era conducido en una ambulancia al Bellevue Hospital, con tres balas alojadas en él.

Así que la Navidad de ese año transcurrió con Mamás Noel.

Y el año siguiente empezó a ocurrir otra vez lo mismo, de modo que de inmediato mandaron a las mujeres otra vez a la calle.

Al año siguiente pasó la misma cosa; y el siguiente, y el siguiente: y año tras año, este paciente y esquivo maniaco mataba a cualquier varón vestido de Papá Noel, hasta que finalmente en los diarios, en la publicidad y en las mentes humanas, Papá Noel retrocedió hacia el fondo y Mamá Noel se convirtió en la figura principal.

Quiero decir que Papá Noel todavía estaba allí. Hacía los juguetes en el Polo Norte y se ocupaba de los elfos, pero era Mamá Noel la que viajaba en el trineo tirado por los renos y se deslizaba por la chimenea y repartía los regalos y encabezaba el desfile de Navidad cada año.

Y lo divertido era que a las mujeres parecía gustarles realmente ser Mamá Noel. Nadie tuvo que pagarles y se convirtió en una moda tal que las calles, en época de Navidad, estaban colmadas de Mamás Noel. Y a medida que el tiempo pasó, ellas empezaron a hacer pequeñas alteraciones en el traje tradicional, cambiando primero el matiz de rojo, y experimentando después con colores completamente distintos, hasta que al fin cada traje fue único y fantástico, hermosamente coloreado, bellísimo.

Se convirtió en un verdadero honor el encabezar el desfile de Navidad.

¡Y a los chicos les encantó!

¡La Navidad nunca había sido así antes, con todas estas Mamás Noel y toda la excitación!

Pero estos chicos, esta nueva generación de chicos que creció *creyendo* en Mamá Noel, eran algo así como distintos.

Porque, fíjense, para los chicos muy pequeños Papá Noel es un dios.

Y para la época en que dejan de creer en Papá Noel, empiezan a ir a la Escuela Dominical y aprenden acerca de un nuevo Dios. Y este nuevo Dios no les hace regalos. Es un poco rudo.

Pero toda la vida anhelan a su antiguo dios de la infancia, a su dios Papá Noel.

Observen sus oraciones, lo que dicen: "Dame lo que deseo". Pero esta nueva generación de chicos que crecieron creyendo en Mamá Noel parecía tener una actitud distinta hacia las mujeres.

Empezaron a elegir mujeres para el Congreso y eligieron a una mujer presidente y mujeres alcaldes, hasta que muy pronto el país entero estuvo gobernado por mujeres.

A ellas les preocupaban sobre todo cosas como la comida, y hubo mucha discusión en el Congreso acerca de varios regímenes, y bien pronto hasta los más pobres tuvieron mucho qué comer; y estaban interesadas en las casas, y pronto ya no hubo escasez de viviendas.

Pero había una cosa que no apoyarían.

No pensaban hacerlo.

Quiero decir, ¿qué posible razón política haría que estas mujeres mandaran a sus hombres a ser matados? ¡Era ridículo!

De modo que con su poder político y su poder financiero y el prestigio de los Estados Unidos, obligaron y animaron a otros países a permitir que mandaran las mujeres.

Así la guerra terminó para siempre.

Los hombres siguieron haciendo lo que siempre habían hecho. Trabajaban en fábricas, y estudiaban matemática superior, y apostaban a caballos, y repartían el hielo, y discutían de filosofía.

Pero estas discusiones sobre filosofía no ocasionaban que la gente se muriera de hambre y se matara entre sí.

Y muy pronto, en todo el mundo, nadie estaba hambriento, todos tenían lindas casas, ya no había guerra, la gente empezó a ser feliz.

Saben, cuando uno se detiene a pensar en ello, había ocurrido una revolución mundial.

Y cuarenta y dos Papás Noel no es mucha gente muerta para una revolución mundial.

Pero el asesino o, en realidad, el santo a quien la humanidad tanto le debía, el que planeó y ejecutó esta revolución casi incruenta, nunca fue atrapado y crucificado.

Siguió viviendo.

No, nadie descubrió nunca la identidad de este santo: es decir —ah—, salvo yo.

Yo sé quién es el santo.

Oh, no tengo ninguna prueba, pero es precisamente por eso por lo que estoy tan seguro de que lo sé.

Porque hay una sola persona capaz de esto, hay una sola persona con el genio, la osadía, la imaginación, el valor, el amor a la gente, la avidez por la sangre y la paciencia requeridos para llevar a cabo ésta, la mayor de todas las acciones.

Esa persona es mi hermanita.

Caperucita Roja

James Finn Garner

De la obra *Cuentos infantiles políticamente correctos*

Érase una vez una persona de corta edad llamada Caperucita Roja que vivía con su madre en la linde de un bosque. Un día, su madre le pidió que llevase una cesta con fruta fresca y agua mineral a casa de su abuela, pero no porque lo considerara una labor propia de mujeres, atención, sino porque ello representaba un acto generoso que contribuía a afianzar la sensación de comunidad.

Además, su abuela *no* estaba enferma; antes bien, gozaba de completa salud física y mental y era perfectamente capaz de cuidar de sí misma como persona adulta y madura que era.

Así, Caperucita Roja cogió su cesta y emprendió el camino a través del bosque. Muchas personas creían que el bosque era un lugar siniestro y peligroso, por lo que jamás se aventuraban en él. Caperucita Roja, por el contrario, poseía la suficiente confianza en su incipiente sexualidad como para evitar verse intimidada por una imaginería tan obviamente freudiana.

De camino a casa de su abuela, Caperucita Roja se vio abordada por un lobo que le preguntó qué llevaba en la cesta.

—Un saludable tentempié para mi abuela, quien, sin duda alguna, es perfectamente capaz de cuidar de sí misma como persona adulta y madura que es —respondió.

—No sé si sabes, querida —dijo el lobo—, que es peligroso para una niña pequeña recorrer sola estos bosques.

Respondió Caperucita:

—Encuentro esa observación sexista y en extremo insultante, pero haré caso omiso de ella debido a tu tradicional condición de proscrito social y a la perspectiva existencial, en tu caso propia y globalmente válida, que la angustia que tal condición te produce te ha llevado a desarrollar. Y ahora, si me perdonas, debo continuar mi camino.

Caperucita Roja enfiló nuevamente el sendero. Pero el lobo, liberado por su condición de segregado social de esa esclava dependencia del pensamiento lineal tan propia de Occidente, conocía una ruta más rápida para llegar a casa de la abuela. Tras irrumpir bruscamente en ella, devoró a la anciana, adoptando con ello una línea de conducta completamente válida para cualquier carnívoro. A continuación, inmune a las rígidas nociones tradicionales de lo masculino y lo femenino, se puso el camisón de la abuela y se acurrucó en el lecho.

Caperucita Roja entró en la cabaña y dijo:

—Abuela, te he traído algunas chucherías bajas en calorías y en sodio en reconocimiento a tu papel de sabia y generosa matriarca.

—Acércate más, criatura, para que pueda verte —dijo suavemente el lobo desde el lecho.

—¡Oh! —repuso Caperucita—. Había olvidado que visualmente eres tan limitada como un topo. Pero, abuela, ¡qué ojos tan grandes tienes!

—Han visto mucho y han perdonado mucho, querida.

—Y, abuela, ¡qué nariz tan grande tienes!... relativamente hablando, claro está, y a su modo indudablemente atractiva.

—Ha olido mucho y ha perdonado mucho, querida.

—Y... ¡abuela, qué dientes tan grandes tienes!

Respondió el lobo:

—Soy feliz de ser *quien* soy y lo *que* soy —y, saltando de la cama, aterró a Caperucita Roja con sus garras, dispuesto a devorarla.

Caperucita gritó; no como resultado de la aparente tendencia del lobo hacia el travestismo, sino por la deliberada invasión que había realizado de su espacio personal.

Sus gritos llegaron a oídos de un operario de la industria maderera (o técnico en combustibles vegetales, como él mismo prefería considerarse) que pasaba por allí. Al entrar en la cabaña, advirtió el revuelo y trató de intervenir. Pero apenas había alzado su hacha cuando tanto el lobo como Caperucita Roja se detuvieron simultáneamente.

—¿Puede saberse con exactitud qué cree usted que está haciendo? —inquirió Caperucita.

El operario maderero parpadeó e intentó responder, pero las palabras no acudían a sus labios.

—¡Se cree acaso que puede irrumpir aquí como un neandertalense cualquiera y delegar su capacidad de reflexión en el arma que lleva consigo! —prosiguió Caperucita—. ¡Sexista! ¡Racista! ¿Cómo se atreve a dar por hecho que las mujeres y los lobos no son capaces de resolver sus propias diferencias sin la ayuda de un hombre?

Al oír el apasionado discurso de Caperucita, la abuela saltó de la panza del lobo, arrebató el hacha al operario maderero y le cortó la cabeza. Concluida la odisea, Caperucita, la abuela y el lobo creyeron experimentar cierta afinidad en sus objetivos, decidieron instaurar una forma alternativa de comunidad basada en la cooperación y el respeto mutuos y, juntos, vivieron felices en los bosques para siempre.

Dinamarca, la del pollo Hamlet

Enrique Jardiel Poncela

De la obra *El libro del convaleciente*

Copenhague

A Copenhague, que creo que es la capital de Dinamarca, se puede llegar en tren, en avión, en barco, a pie y nadando. También se puede llegar saltando a la pata coja. Yo he llegado hecho cisco.

De primera intención se nota que en esta ciudad hay demasiadas torres; a derecha, a izquierda, de frente, de espaldas, el viajero no ve más que torres. Todos los edificios acaban en punta, como si quisieran (¡allá va!), como si quisieran besar las azules nubes que esmaltan el firmamento.

Porque el cielo de Copenhague es un cielo de un azul, que ríanse ustedes del cielo de Madrid —¡ja, ja, ja!—, y ríanse ustedes del cielo de Córdoba —¡ja, ja, ja!—, y ríanse ustedes del cielo de Sevilla —¡ja, ja, ja!

—Gracias.

Decía que el cielo de Copenhague es de un azul que monda con navaja.

Al llegar a la ciudad, lo primero que he hecho ha sido dirigirme a la plaza de Radhus (la Puerta del Sol de Copenhague), y que es una plaza que tiene más movimiento que un tercer acto de *vaudeville*.

Allí, el que quiera verlo, puede ver gratis (por fuera) el edificio del Ayuntamiento, que es una mezcla arquitectónica de románico y muzárabe. Y entrando en el interior se puede conocer al alcalde, que es un niño gótico.

Sin moverse de Radhus, puede distinguir el viajero dos hoteles, una casa de Banca y la Catedral. También puede distinguir a algún amigo, si tiene amigos en Copenhague y da la casualidad de que pasen por allí. Y si el amigo pasa y el viajero no lo distingue, es que no hay entre ellos gran afecto.

Las bicicletas

En Copenhague casi todo el mundo va en bicicleta. Es un espectáculo curioso ver desfilar por el Strög a la multitud danesa pedaleando con fervor. Hombres, mujeres, niños, toda clase de personas —incluidas las cocineras— andan en bicicleta por Copenhague. A las puertas de los cafés y de los teatros, las bicicletas se amontonan, y la pregunta clásica de Copenhague, en lugar de ser: "¿Me da usted lumbre?", es: "¿Me da usted un parche, que he tenido un pinchazo?".

Los perros daneses

Al saber que a los nacionales de Dinamarca se les llama daneses, he intentado comprar un perro danés, tan famosos en el globo, antes y después de elevarse.

Pero en Copenhague no he visto ni un solo perro.

Sin duda, han fallecido, agotados, al intentar correr detrás de todas las bicicletas que pasan por las calles.

El bosque

Cuando me he hartado, un tranvía me ha conducido al bosque de Dyrehave, lugar pintoresco, poblado de hayas.

El bosque de Dyrehave es casi igual a la Dehesa de la Villa, y me he ido de allí, a toda prisa, en la bicicleta del ministro de la Guerra, que se hallaba en el bosque escribiendo sonetos.

El pueblo danés

El carácter danés es tranquilo como la casa de una anciana rentista.

El pueblo va mucho al parque de El Tívoli, y allí las gentes bajan por el tobogán, suben a la montaña rusa, entran en la gruta misteriosa... En fin; todo igual que en las ferias de Ciudad Real.

Las mujeres de Dinamarca son tímidas y eminentemente sosas. Cuando arrojan pelotas, en el pim-pam-pum, por ejemplo, lo hacen con la misma actitud que emplearían para envolver rosquillas de hojaldre.

El castillo de Hamlet y su espectro

Estar en Dinamarca y no visitar el castillo de Hamlet sería absurdo como rellenar de *confetti* dos mil tubos de *sindetikón*.

He ido, pues, a Helsingor, donde se halla el castillo Kronborg. Aquí colocó Shakespeare la acción de su famosa tragedia. Experimento la misma emoción que cuando —de niño— veía entrar en mi alcoba al peluquero, con el propósito de derribar mi melena merovingia.

Varios visitantes del castillo lo recorren de punta a punta, desde la Flagbalterié hasta las habitaciones de Carolina Matilde. Y todos acaban diciendo que han visto en un pasillo el espectro de Hamlet. ¡Estos turistas son idiotas!

Yo me subo a la torre del campanil, miro hacia el mar, enciendo un cigarrillo y pienso en lo inglés que era Shakespeare.

Al abandonar el castillo de Kronborg me ocurre una cosa espantable.

En el salón en que se alza la estatua del dramaturgo glorioso, me encuentro con el espectro de Hamlet.

Es él, sí..., avanza lento, bajo sus vestiduras negras; cruza el salón; desaparece, llevando la calavera famosa en un bolsillo del chaleco.

—¡Dios mío! —voy a gritar; pero Hamlet vuelve a aparecer.

Ahora lleva la calavera debajo del brazo, y se dirige a mí:

—¿Le ha gustado? —me dice—. Estoy aquí, haciendo de Hamlet, para dar carácter al castillo. No les cobro cantidad fija a los turistas por mi trabajo. Así es que el señor puede darme lo que buenamente pueda.

Le entrego unas monedas y salgo del castillo con el cerebro hirviente.

Ahora me explico por qué todos decían que habían visto a Hamlet...

Esta noche misma me iré a España.

Fragmentos de
Recuerdos de mi vida con un gran hombre

Augusto Monterroso

De la obra *Cuentos, fábulas y lo demás es silencio*

Terremoto invisible

Una tarde de primavera permanecí un buen rato en la azotea absorto en mis pensamientos, que siempre llegaban en cualquier lugar en que estuviera y a cualquier hora, pues eran pocas las ocasiones en que dejara de pensar, ya fuera en lo que concernía al futuro y en todo lo que me faltaba por vivir, o en lo que se refería al pasado y en lo que había vivido, o en si las cosas hubieran sido de otro modo cómo serían ahora, etc.; y así las ideas vienen y van sin saber uno en qué forma, pero el cerebro no para nunca de pensar.

Esa vez me quedé contemplando las nubes que brillaban doradas en ese largo proceso en que la tarde se va acabando. De pronto comencé a sentir dentro de mí, como en la barriga, o el pecho, o la cabeza, bueno, más o menos en todas las partes del cuerpo humano, incluidas las manos, una inquietud indefinida, algo así como un desasosiego que antes nunca había experimentado, y por tanto no encontraba la forma de explicarme aquel fenómeno, que en esas situaciones es lo que más molesta, pues lo único que a uno se le ocurre en ese momento es si no se irá a morir en ese momento.

Al principio, como es mi costumbre, hice uso de mi intelecto y al ir atando cabos y ordenando las cosas despacio lo atribuí a que tal vez estaba enfermo del estómago, ya que en ese tiempo siempre estaba enfermo del estómago debido a los nervios; después pensé que a lo mejor no había dormido bien (como sucede cuando se piensa mucho en el pasado o en el futuro); por último, ya con la mente más tranquila, deduje que lo más probable era que iba a haber temblor, porque desde los cuatro años tenía, y la sigo teniendo, la facultad de que cuando va a haber temblor yo lo detecto unas dos o tres milésimas de segundos antes; pero en esta ocasión pasaron más de cuatro minutos, no hubo ningún temblor y yo en cambio seguía con aquella inquietud que me sacaba de quicio y de ninguna manera racional podía explicar, aunque, como ya he dicho, usé de todos los recursos de la razón para llegar a saber que: *a)* del estómago no se trataba, pues mi mal era crónico; *b)* de desvelo tampoco, pues siempre estaba desvelado, tanto por mis cavilaciones como por mis lecturas, y el terremoto quedaba descartado por la misma fuerza de los hechos y por cualquier sismógrafo, ya que pasó el tiempo y no se produjo.

Bien, y para abreviar, ¿saben qué era? Amor

(...)

La mente inquieta

(...)

Mi mente era en esos días como la de una mosca que unas veces se hallara inquieta en el techo frotándose las manos, otras moviéndose ansiosa frente a la ventana sin decidirse a salir, otras pegada a la pared, inmóvil, como muerta y aparentemente ajena a los males de este mundo, y otras en cualquier parte, donde no es muy raro, si se fijan, que anden las moscas, excepto cuando están tristes o muy enamoradas y sin saber qué hacer, porque en esas circunstancias no se encuentran con el menor ánimo de salir a la calle, ni de quedarse por mucho tiempo en la pared, y mucho menos de ponerse a leer nada o a oír música, pues esta u otra frase, tal o cual canción, lo que sea, les recuerda a la mosca que no vieron ayer y no pueden ver hoy, y en ese momento no están seguras de si esa mosca las quiere o anda con otra en el cine o en alguna fiesta de amigos comunes, feliz, sin pensar en ellas, y así cualquier cosa que lean o escuchen les recuerda a su mosca ausente y quién sabe si para siempre perdida, y por eso no pueden estarse quietas en el techo, en la ventana o en la pared, con el pensamiento fijo tan sólo en su mosca, que ahora se andará paseando agarrada de la mano con otra, mientras ellas, sumidas en el abandono total, no son capaces de permanecer tranquilas ni un segundo ni en el suelo ni en la pared ni en la cama ni en cualquier lugar o circunstancia de la vida, habiendo tantas moscas en la vida.

Cartas

Naturalmente, tarde o temprano había que empezar con las cartas. Un día vengo, pues, tomo la primera, la desdoblo y leo tal y tal, veinte de julio de tal y tal, y en seguida, con letra muy bonita: "Amor", dos puntos.

Bueno, pensé, será de doña Carmela. Pero no era de doña Carmela, porque la firma decía claramente Lucy:*

Amor:

Esta tarde pasé junto a ti y ni siquiera me viste. Cuando dos almas se encuentran es muy feo que una no se fije en la otra. ¿O es que ya no te intereso? Patricia me dijo que te había visto ayer con Erlinda, pero ésta me tiene sin cuidado porque sé que eres mío. ¿O te atrae su cuerpo? Si el cuerpo fuera todo, el Todo sería perfecto, pues no hay quien no tenga un cuerpo con sus piernas, sus brazos y sus senos, que inspiran a escultores, poetas, artistas y músicos. Y bien, el arte es sublime, pero a veces me produce el tedio propio de tales obras. Y a ti, ¿qué te inspiro yo?

*Tu Lucy**

Desde el primer momento esta carta me hizo reflexionar mucho por la profundidad que se escondía tras su aparente ligereza. ¿Qué había allí?, me interrogaba. ¿Pasión, celos, amor, y un indudable desprecio por el arte? La mujer, entonces, me pregunté, ¿no comprende el arte? ¿Está incapacitada para sentir lo que no sea un bordado, un pastel (o compota) de manzana, arreglar las flo-

*Nombre supuesto

res o peinarse para ir a una fiesta? Aquella carta parecía revelar eso con toda naturalidad, pero algo me inquietaba en ella.

A estas alturas ya habrán adivinado que ese algo era la palabra *senos*.

Tres veces tuve que copiarla, pues siempre que llegaba a la palabra senos me equivocaba y ponía *renos*, o *cenos*, o *seños*, hasta que me di cuenta de que algo me sucedía con esa palabra y me quedé pensando en por qué en las demás no me equivocaba y en ésa sí, y en por qué la firmante, Lucy, hablaba de piernas, brazos y senos y no de cabezas, codos o pies, y descubrí que detrás de todas aquellas grandes ideas filosóficas del Todo se escondía una insinuación a algo más tangible, es decir, más agarrable.

Pero la verdad era que ni las piernas ni los brazos me producían la misma emoción que la palabra senos, aunque estuviera hábilmente disimulada con eso de los escultores y los músicos, y colegí que en el fondo la carta de la llamada Lucy estaba escrita para atraer la atención sobre aquellas cosas, que además no todos tenemos. Los tendrán las mujeres; y para eso, ni todas, pues a unas ni se les ven, otras los tienen demasiado grandes y el simple hecho de llamarlos senos resulta ridículo: otras se los suben excesivamente sin reparar en que no existen senos así; otras se los dejan tan abajo que casi se les confunden con la barriga; otras no usan sostén y creen que se ven muy bonitas (otras no lo usan y en realidad se ven muy bonitas); en fin, que aquella carta con su mención de los senos me abrió los ojos y me dio la clave de muchas cosas y desde entonces me imagino que la mayoría de las mujeres se pasan el día viéndose los senos, por la derecha, por la izquierda, por delante, o levantándoselos con las dos manos, sopesándolos, para calcular qué tal los tienen, o agachándose para que uno se los vea, o dejándose un botón de la blusa sin abrochar; o sea que no piensan en otra cosa. Y así, meditaba, ¿qué tiempo les va a quedar para el arte? Bien. Al seguir copiando cartas me di a leer muchas antes de copiarlas porque la curiosidad se apoderó de mí y ya saben cómo es la curiosidad. Y más estando solo en aquel despacho lleno de bustos, de figuritas de porcelana con mujeres y faunos desnudos, de cajitas de porcelana con escenas galantes para guardar a saber qué, porque siempre estaban vacías.

(...)

Obsesiones

Repito que ni aquel día ni los siguientes pude leer nada. Desde el momento en que nuestras miradas se cruzaron, Felicia dejó de ser para mí una mujer de carne y hueso, de formas sensuales y senos turgentes como cualquier otra, para transformarse como por arte de magia en una obsesión, o sea esas ideas que de pronto se te meten en la cabeza, y a cualquier hora, ya sea en la calle, en el cine o en el trabajo, están allí sin que puedas hacer nada para deshacerte de ellas, por ejemplo cuando te propones pisar en la acera únicamente determinados ladrillos, o al cabo de la primera cuadra tienes que regresar a casa a ver si quedó bien cerrada la puerta, o la llave del gas, o la llave del agua, o la llave del maldito lo que sea; o digamos la idea fija de que no se saludó en forma debida a quien se estaba obligado a saludar en forma debida; o, cuando se es niño, la de que uno se va a ir al Infierno porque se acarició alguna cosa; o cuando se es grande la de que si uno tenía que decir algo no lo dijo, o la de que en el momento preciso uno dijo lo contrario de lo que tenía que decir, hasta que por último olvidas la idea, solamente para caer en otra: nimios sentimientos de culpa o de zozobra que muerden nuestras pobres almas, o más bien a los que nuestras pobres almas se aferran para sentir que después de todo en alguna forma nuestras pobres almas existen.

Pero Felicia era algo más que eso y yo no podía olvidarla.

La tábula rasa. Luego, las tres cosas que rigen el mundo

El hecho es que la idea de Felicia borró de mi mente cualquier otra impresión, dejándola convertida ni más ni menos que en una tábula rasa, o en un pizarrón en el que no hubiera nada escrito, pero en el cual las sensaciones auditivas, olfativas (imaginarias), visuales, gustativas (imaginarias) y táctiles (imaginarias) fueron grabándose una tras otra, con ese desorden propio de las sensaciones, hasta conformar con deslumbrante nitidez el pelo, los ojos, la risa, el contorno y los graciosos movimientos de quien llegó a representar para mí en aquellos días cuanto de bello podía existir en el mundo y parte de San Blas, la capital de nuestro estado.

Pero a través de mi vida he aprendido, y es triste aprenderlo, que en el mundo sólo existen tres cosas que lo rigen y rigen nuestras acciones y las de los demás, y estas tres cosas son Amor, Odio e Indiferencia, ya sea en estado puro o entremezclados en mayor o menor grado; pero sin que nunca dejen de estar allí, tejiendo siempre su invisible tela para envolvernos en ella, ya no en forma de ilusión como quieren o quisieran los poetas sino como una pesadilla que nos impide dormir, soñar quizás. Ahí tienen.

Problemas de la comunicación (I)

Así, ahora me encontraba ante la obsesión de hacer que Felicia se enterara de mi amor. Claro que ella no se llamaba Felicia, pero la he venido nombrando en esta forma (como aquel que con su mejor letra dejó claramente escrito que se suicidaba por convenir así a sus intereses) porque así conviene a mis intereses mientras respire en San Blas cualquiera de los protagonistas de esta historia, de la cual, por otra parte, les ruego no creer ni una palabra, dicha entre líneas, escrita o simplemente insinuada.

Lo importante es que desde el momento en que la vi yo no podía seguir viviendo sin hacerle saber que la amaba, aun por encima de los odios existentes entre las familias, sin que éstas se enteraran del fuego que *nos* consumía. He subrayado *nos* porque no veo con qué derecho, si no es con el que da la inexperiencia, podía yo suponer que Felicia experimentara por mí más que la simpatía o la atracción propia de la edad o de los intereses comunes de nuestra profesión.

Amor carnal y amor platónico

Por lo que a mí se refería, todos sabemos que hay amor carnal y amor platónico. Pero esto no es tan simple. Yo estoy seguro de que el mío era platónico-carnal o carnal y platónico a la vez, pues en cuanto pensaba en ella sentía algo en la carne, o en cuanto sentía algo en la carne pensaba en ella; y de esta manera, en todo momento pasaba de una cosa a otra sin darme cuenta o sin ponerme a pensar de qué clase era mi amor de acuerdo con esas dos filosofías, la carnal y la platónica. Como antes me permití insinuar, ahora sé que también existe el desamor o el simple y puro no amor, que vendría a ser como lo aristotélico-carnal, o sea lo opuesto a lo carnal pero sin llegar a lo platónico sino apenas al justo medio, para que todo quede claro de una buena vez.

Problemas de la comunicación (II)

Como es de suponer, en muchas ocasiones estuve tentado a tomar el teléfono y en muchas aproveché la tentación y lo hice; pero la línea estaba siempre ocupada, o contestaba la señora o cualquiera de sus hijas, o la cocinera, según la hora. Entonces (ya les habrá sucedido a ustedes) yo tenía que cambiar la voz, o fingir voz de niño o de mujer y preguntar cualquier cosa rara, hasta que del otro lado sospecharon y en lo sucesivo sólo descolgaban y se quedaban esperando, y yo permanecía callado un rato antes de colgar, despacito, como si me fueran a ver. Tuve que renunciar a esta estratagema cuando un día oí que la señora, después de un largo silencio durante el cual sólo se oyeron ruiditos como de anillos y respiraciones fuertes, gritó:

—¡Si eres tú, Carmela, vas a ver!

Pues la señora pensaba que doña Carmela trataba de hablar con el licenciado Alcocer.

Problemas de la comunicación (III)

Entre éstas y otras aventuras similares la vida siguió transcurriendo durante varios días, que a mí me parecían semanas, y yo cada vez más enamorado.

Como ustedes no son distintos de la generalidad de la gente, lo primero que se les ocurrirá será preguntarse por qué no me dirigí a Felicia por carta. Pues bien, si lo quieren saber, sí me dirigí a Felicia por carta, pero todas mis misivas fueron hábilmente interceptadas desde el primer momento, dado que infortunadamente Felicia no sabía leer y cada vez que el cartero le llevaba una corría a pedir a la señora que se la leyera.

Debo decir que en toda nuestra historia ése fue el peor peligro que pasamos de ser descubiertos. Sin embargo, como el amor todo lo vence, ese peligro fue superado gracias a que en aquella correspondencia yo nunca le hablé de amor sino de cosas varias, como sus ojos, su cuerpo, y así por el estilo; aparte de que siempre cambiaba de seudónimo, tanto como un ardid elemental para mantenerla sujeta a la curiosidad femenina que adivinaba en ella, como porque de esa manera resultaba más divertido.

Epílogo

Pasó mucho tiempo.

El doctor Torres es hoy honrado con libros acerca de su obra, tesis universitarias y homenajes de toda índole, como el que hoy se le ofrece con esta publicación. Bien puede decir: "Misión cumplida".

El licenciado Alcocer murió rodeado del cariño de los suyos, no sin antes arrepentirse ante la Iglesia (a la que legó su última sonrisa) de sus pecados.

En cuanto a mí y Felicia, después de mil estratagemas que tanteé, delineé, planeé y puse o no en práctica, como la construcción de un túnel a través de la calle para llegar hasta ella, y en lo cual fracasé debido a que mi escasa herramienta, una cuchara y un peine de marfil, fueron insuficientes para romper las obras de drenaje que nos separaban; o el envío de gallinas mensajeras de una azotea a otra, gallinas que ya fuera por falta de experiencia o por la escasa densidad del aire se enredaban siempre en los alambres de la luz; finalmente, rompiendo con todas las reglas, un día me presenté en su casa, pregunté por Felicia, salió, le propuse que huyera conmigo, aceptó, y esa misma noche, con dos o tres cajas de cartón y una pequeña bolsa en que guardaba sus alhajas, nos retiramos de aquel infierno. Con su talento natural, pronto aprendió a leer. Nuestros hijos son un licenciado, un contador, un agente de demostraciones (IBM) y una aeromoza de lo más formal que de vez en cuando nos trae recuerdos de países lejanos y hasta de las Islas de la Malasia.

Carlos Marx: historia de un tipo chévere

Daniel Samper Pizano

De la obra *Dejémonos de vainas*

Si Carlos Marx hubiera sido colombiano, seguramente habría formado parte de los guerrilleros del Chicó. Porque, contra lo que creen muchos marxistas que nada saben sobre Marx y muchos reaccionarios que lo imaginan un monstruo desalmado, Marx no sólo ha sido uno de los más influyentes pensadores en la historia del mundo, sino una persona amable, con sentido del humor, enamorado de la vida y de las buenas cosas de la vida. En fin, un tipo chévere.

A los ultraconservadores que lo imaginan un libertino enemigo de la familia, hay que contarles que difícilmente se consigue mejor ejemplo que el de Marx como esposo y como padre. A los comunistas de ceja levantada que consideran que la risa es contrarrevolucionaria, hay que decirles que Marx no sólo era insigne mamagallista sino que entre sus lecturas preferidas figuraban autores satíricos. Y a todos los que creen que una persona con preocupaciones sociales no tiene derecho a dormir en cama blanda ni a disfrutar un buen vino, es necesario informarles de que Marx prefería dormir en cama blanda que en cama dura y era definitivamente un amante de los vinos buenos y la buena mesa. Marx habría sido un gozoso usuario de tarjetas Diners, para decirlo en una sola frase.

Lo que ocurre con Marx es que todo el mundo habla de él pero casi nadie lo conoce. *El capital* sigue siendo una de las obras más citadas pero menos leídas por los ciudadanos comunes y corrientes. Y la vida de Marx constituye materia ignorada por quienes prefieren inventarse su propia biografía mental del ilustre barbudo y acomodarla a sus personales ideas, temores y prejuicios sobre el marxismo. Bastaría con leerse alguna de las varias y excelentes biografías que sobre Marx se han escrito; por ejemplo, la de Saul K. Padover titulada *Karl Marx, an Intimate Biography*, para comprender mejor y sin misterio a ese hombre que para algunos es un dios y para otros un espíritu maligno. Pero que no era ni lo uno ni lo otro.

Un niño alegra el hogar de Enrique y Enriqueta

Marx nació el 5 de mayo de 1818 a las dos de la mañana en Trier, la ciudad más antigua de Alemania. Primera peculiaridad: era hijo de un Enrique (Heinrich Marx) y una Enriqueta (Henriette Presborck). Segunda peculiaridad: descendía por ambas puntas de rabinos y acabó atacando el judaísmo. Tercera peculiaridad: fue bautizado dentro del rito luterano en una iglesia jesuita pese a su origen judío

El origen de Marx no era propiamente proletario. Su familia era bastante acomodada y formaba parte, según Padover, de una “clase privilegiada: pequeña pero influyente, socialmente segura, bien vestida y bien alimentada". Marx era de origen burgués, pero no era sordo ni ciego. Por eso, como agrega el autor mencionado, necesariamente fue impactado por el medio ambiente de pobreza y miseria de su ciudad natal. El clásico guerrillero del Chicó, como puede verse.

Marx no era el más apuesto de los jóvenes de Trier. De hecho, alguien lo calificó alguna vez como "el más feo sobre el cual haya brillado el sol". Pero siempre ejerció una particular atracción sobre las mujeres. Fue así como se enamoró de él, con pasión que se deja notar en sus cartas personales, la más atractiva y elegante de las muchachas de la ciudad, Jenny de Westfalia. Jenny era de esas señoritas que salen en las últimas páginas de *Cromos* cada semana. Hija de un barón (con *b* larga), provenía de una familia de rancia aristocracia. Uno de sus hermanos llegó a ser después Ministro del Interior de Prusia. Bastante godo, por cierto.

Pese a ser cuatro años mayor que Marx y pese a que éste era a la sazón un estudiante sin mayores recursos, aficionado a la poesía y a la literatura, la inteligencia de Carlos y las frases dulces que éste le decía al oído conquistaron a Jenny. Después de un largo noviazgo, se casaron en junio de 1843.

Precoz poeta, periodista polémico, permanente perseguido

Para entonces ya Marx había estudiado derecho en la Universidad de Bonn (le parecían mortalmente aburridos los textos de jurisprudencia, otro síntoma de agudeza), había acudido a la Universidad de Berlín —donde Hegel murió, siendo su profesor, seis años antes de que Marx llegara— y se había doctorado en filosofía.

Los años de estudiante muestran a un Marx cuyas notas no eran superiores al promedio, aficionado a la vida muelle (le duraba muy poco en el bolsillo la pensión que le mandaba el viejo Heinrich) e incluso trompadachín. Por allí se supo de un duelo de espada contra otro estudiante que por poco le cuesta el ojo derecho. Para entonces Marx estaba más interesado en la poesía que en la revolución. Copio en seguida una traducción personal y libérrima al español de su "Soneto final a Jenny", para que el lector juzgue si resultó o no mejor que abandonara la poesía y se dedicara a la revolución:

Una cosa, pequeña, debo aún decirte:
gozoso acabo esta canción de adiós.
Las últimas ondas de plata van a buscar
el aliento de Jenny para encontrar su alma.

Saltando alegres por rocas y torres,
corriendo a través de torrentes y lluvias,
mientras las horas con el pulso vital
buscan consagrar en ti su plenitud.
Envuelto en el amplio manto de mi ardor,
elevado y brillante el corazón de orgullo,
triunfalmente libre de fuerzas y presiones,
recorro con firmeza el espacioso terreno:
el dolor se deshace ante tu cara luminosa
y del árbol de la vida brotan los sueños.

Pese al soneto, Jenny se casó con él y, como en los cuentos, fueron muy felices.

Desde que terminó los estudios de filosofía Marx optó por dedicarse al periodismo, que es casi siempre una divertida manera de ser pobre. Fue ésta, en realidad, la única profesión que ejerció hasta su muerte. A partir de 1842 escribió, primero para el *Deutsche Jahrbücher* y luego para el *Rheinische Zeitung*, una serie de artículos contra la censura de prensa que, según Arnold Ruge, constituyen "lo mejor que se ha escrito hasta ahora sobre la materia... Por desgracia, estos artículos son tercamente ignorados hoy por hoy en casi todos los países que aplican las doctrinas económicas de Marx. Allí señala, por ejemplo, que la libertad de prensa es el ojo omnipresente del espíritu del pueblo: la engastada confianza del pueblo en sí mismo; el vínculo articulado entre el individuo, el Estado y el mundo: la cultura incorporada que transfigura las luchas materiales en intelectuales e idealiza sus formas crudas, materiales".

Durante dos años —1842 y 1843— Marx sacudió con sus artículos al gobierno prusiano. En febrero de este último año publicó una violenta crítica contra el despotismo del zar en Rusia y éste, Nicolás I, se dirigió a su aliado, el rey de Prusia, solicitándole que se tomaran medidas contra el irrespetuoso periodista. En virtud de esta hermandad internacional contra la "mala prensa" que siempre caracteriza a los gobiernos, el rey Federico Guillermo decidió cerrar el *Rheinische Zeitung*, del cual era editor Marx. Al salir de Colonia, empezó para Marx una larga y dolorosa vida de peregrino. Fue repetidamente expulsado de distintos países y ciudades, por decisión propia se despojó de su ciudadanía alemana y cuando quiso readquirirla se le negó; terminó viviendo en Londres —donde finalmente le niegan la ciudadanía inglesa— como ciudadano sin patria, luego de múltiples persecuciones.

Pero en juego largo hay desquite. Su permanencia en el *Rheinische Zeitung* le permitió conocer, en noviembre de 1843, a Federico Engels, quien sería su íntimo amigo, el hada madrina durante sus penurias económicas y su compañero de agitación política y actividades intelectuales. En 1917, un grupo revolucionario inspirado en las ideas de Marx y Engels dio al traste con el zar Nicolás II, sobrino nieto de quien había hecho cerrar el periódico de Marx, y borró de Rusia a los Romanov.

Mamagallista y gallinazo

Marx, ya lo dije, era un tipo chévere, muy ajeno a la solemnidad y trascendencia de muchos marxistas que conocemos, a los cuales seguramente habría detestado. Tenía la pasión doméstica de poner sobrenombres. Bautizaba con apodos a sus amigos, a sus hijos, a sus conocidos. "Adoraba el humor —observa Padover— no sólo por el humor en sí, sino como munición contra sus enemigos". Sus escritos polémicos contienen frecuentes sátiras y tomaduras de pelo. Acerca de un mediocre periodista alemán, por ejemplo, escribió: "Un buen tipo, aunque aún no ha descubierto la pólvora". Acerca de dos políticos franceses de la era de Luis Felipe: "El Sr. Guizot tacha de traidor al Sr. Thiers, y el Sr. Thiers tacha de traidor al Sr. Guizot, e infortunadamente ambos tienen razón". Sobre un filósofo alemán: "El zapatero Jakob Boehme era un gran filósofo. Muchos filósofos profesionales no pasan de ser grandes zapateros". Sobre el nuevo zar ruso: "El zar es grande. Dios es más grande y, sobre todo, el zar está aún muy joven".

Sus intereses en la vida no se limitaban a hacer la revolución y escribir obras dificilísimas y aburridísimas sobre la plusvalía y las alineaciones. Se divertía también con minucias de sonrojante terrenalidad. Su copiosa correspondencia con Engels y otros personajes contiene, en medio de análisis económicos profundos y planes de organización de los obreros de Europa, numerosos chismes, anécdotas y apuntes. En 1853, por ejemplo, escribía a un amigo acerca del mal que padecía la emperatriz Eugenia de Francia, quien no podía contener ciertos ruidos inevitables y embarazosos. "Es apenas un pequeño ruido —comentaba con perverso entusiasmo Marx—, un murmullo, casi nada; pero tú sabes que los franceses tienen nariz hasta para el menor vientecillo." Marx era también, y pese a formar una pareja perfecta con Jenny de Westfalia, algo enamoradizo y gallinazo. Con Helen Demuth ("Lenchen"), quien fue niñera de los hijos de Marx toda la vida, mantuvo una secreta pasión que dejó de ser tan secreta cuando Lenchen quedó embarazada.

Engels, el gran amigo, acudió en socorro de Marx y, de común acuerdo con éste y con Lenchen, hizo creer a la familia que el niño era suyo.

En otra ocasión, cuando llevaba ya dieciocho años de casado, tuvo un ligero romance con su prima Nannette, para hacer eco al viejo adagio: “Mientras más primo, más me arrimo”. Éstos y algunos episodios más —en 1867 con la distinguida madame Tengue, en Hannover— hacen pensar que ni siquiera los adustos tratados económicos a los que dedicaba meses y años de estudio lograron ahogar esa vena romántica y galante del Marx poeta.

Su sensibilidad no sólo se manifestaba en el cortejo de primas. También en la ternura que despertaban en Marx los niños. Es sabido, por ejemplo, que lo que más atraía a Marx en la figura de Cristo —pese a ser Marx ateo— era la especial inclinación de aquél por la defensa de los niños. Marx hace numerosas referencias e investigaciones en sus obras contra la explotación del niño trabajador, y con frecuencia daba limosna a los niños que se la pedían en la calle. En fin, nadie es perfecto.

Hemorroides, forúnculos, catarros, inflaciones, etc.

El hecho de que fuera un hombre enamorado de la vida no quiere decir que ella le hubiera sido fácil. Por el contrario, la de Marx está salpicada de privaciones y amarguras. Dos de sus hijos murieron en el primer año. Y Edgar, que era el consentido, el “pechichón”, falleció a los nueve. Por lo menos uno de ellos murió debido, indirectamente, a la pobreza que Marx atravesaba en ese momento, pues el invierno tomó a la familia sin suficiente abrigo y castigó a Guido con una neumonía.

Marx sufrió, además, toda clase de enfermedades. Con frecuencia padecía de dolorosas hemorroides y forúnculos, algunos de ellos localizados en el sitio más aterrador que varón alguno pueda imaginarse. Se le inflamaba el hígado, sufría dolor de muelas a toda hora, era víctima permanente de insomnio y resfriados, en varias ocasiones registró irritación ocular. Y aunque hubo épocas en que permaneció sin poder trabajar durante varios meses por culpa de la suma de males, cuando su salud se lo permitía era un trabajador rabioso. Pasaba noches en blanco leyendo y escribiendo y a duras penas tomaba breves siestas, completamente vestido, en el sofá de la sala.

Engels, que era rico, industrial y soltero, patrocinaba con frecuencia y generosidad a la familia Marx. Gracias a los giros de Engels, los Marx no murieron de hambre. El dios que ve por los buenos revolucionarios se compadeció de su situación en 1863 y lo hizo heredar importantes legados de su madre y un tío. Esto permitió a los Marx trasladarse a una amplia quinta en las afueras de Londres, rodeada de jardines y parques, y con chimenea en cada habitación. Por primera vez Marx pudo contar con un salón propio para su biblioteca y su estudio. Fue allí, en esa casa que habitó durante once años, donde escribió *El capital* y organizó la Primera Internacional Comunista.

***

Los últimos años de Marx transcurrieron en medio de una relativa bonanza económica, justa compensación de sus terribles temporadas de miseria. Pero las enfermedades le impidieron disfrutarla. Paseó por media Europa en busca de aguas termales que aliviaran sus males. El 2 de diciembre de 1881, cuando murió Jenny, Marx estaba tan enfermo que no pudo asistir al funeral. En enero de 1881 falleció la mayor de sus hijas, que era también la preferida. El 14 de marzo de 1883, Engels viajó de Manchester a Londres a visitarlo:

"Cuando llegué, después del almuerzo, que es la mejor hora para hacerle visita, encontré a todos llorando. Parecía que se acercaba el final. Pregunté qué pasaba... Una pequeña hemorragia y un colapso súbito. La buena Lenchen, que cuidó de Marx como una madre de su hijo, subió y volvió a bajar. Me dijo que estaba medio dormido, que podía verlo. Cuando entramos, lo encontramos dormido, pero para siempre".

En el entierro de Marx, su compatriota Engels pronunció un breve discurso en inglés. Treinta y cuatro años después, un ruso, Lenin, llevaba por primera vez las ideas marxistas al poder. Paradójicamente, Marx había escrito en 1868: "Nunca confío en un ruso". Algunos dirán que ésta fue la única frase equivocada de Marx. Sus enemigos han de decir que fue apenas otro error más.

Durante el siglo XX se le habrá de defender y atacar más que a ningún otro personaje y a ninguna otra doctrina. Pero muy pocos de los que atacan o defienden a Marx saben, en realidad, cómo era, humanamente, ese barbudo que cambió la historia del mundo.

Fragmento de *Esperando a Godot*

Samuel Beckett

(Silencio.)

ESTRAGON: No ocurre nada, nadie viene, nadie se va. Es terrible.

VLADIMIR *(a Pozzo)*: Dígale que piense.

POZZO: Dele su sombrero.

VLADIMIR: ¿Su sombrero?

POZZO: No puede pensar sin sombrero.

VLADIMIR *(a Estragon)*: Dale su sombrero.

ESTRAGON: ¿Yo? ¿Después de la patada que me ha arreado? ¡Jamás!

VLADIMIR: Se lo daré yo. *(No se mueve.)*

ESTRAGON: Que lo haga él mismo.

POZZO: Es mejor dárselo.

VLADIMIR: Se lo voy a dar.

(Recoge el sombrero y se lo tiende a Lucky con el brazo extendido. Lucky no se mueve.)

POZZO: Hay que ponérselo.

ESTRAGON *(a Pozzo)*: Dígale que lo coja.

POZZO: Es mejor ponérselo.

VLADIMIR: Voy a ponérselo.

(Gira con precaución alrededor de Lucky, se acerca sigilosamente por detrás, le pone el sombrero y retrocede con rapidez. Lucky no se mueve. Silencio.)

ESTRAGON: ¿Qué espera?

POZZO: ¡Aléjense! *(Estragon y Vladimir se alejan de Lucky. Pozzo tira de la cuerda. Lucky lo mira.)* ¡Piensa, cerdo! *(Pausa. Lucky empieza a bailar.)* ¡Para! *(Lucky se detiene.)* ¡Acércate! *(Lucky se dirige a Pozzo.)* ¡Ahí! *(Lucky se detiene.)* ¡Piensa! *(Pausa.)*

LUCKY: Además, respecto a...

POZZO: ¡Calla! *(Lucky se calla.)* ¡Atrás! *(Lucky retrocede.)* ¡Ahí! *(Lucky se detiene.)* ¡Pssset! *(Lucky se vuelve hacia el público.)* ¡Piensa!

LUCKY *(declama con monotonía)*: Dada la existencia tal como demuestran los recientes trabajos públicos de Poinçon y Wattmann de un Dios personal cuacuacuacuacuacua de barba blanca cuacua fuera del tiempo del espacio que desde lo alto de su divina apatía su divina atambía su divina afasía nos ama mucho con algunas...

(Intensa atención de Estragon y Vladimir. Abatimiento y asco de Pozzo.)

...excepciones no se sabe por qué pero eso llegará y sufre tanto como la divina Miranda con aquellos que son no se sabe por qué pero se tiene tiempo en el tormento en los fuegos cuyos fuegos las llamas a poco que duren todavía un poco y quien puede dudar incendiarán al fin las vigas a saber llevarán el infierno a las nubes tan azules por momentos aún hoy y tranquilas tan tranquilas con una tranquilidad que no por ser intermitente es menos bienvenida pero no anticipemos y considerando por otra parte que como consecuencia de las investigaciones inacabadas no anticipemos las búsquedas inacabadas pero sin embargo coronadas por la Acacacacademia de Antropopopopometría de Berna en Bresse de Testu y Conard se ha establecido sin otra posibilidad de error que la referente a los cálculos humanos que como consecuencia de las investigaciones inacabadas inacabadas de Testu y Conard ha quedado establecido tablecido tablecido lo que sigue...

(Primeros murmullos de Estragon y Vladimir. Aumentan los sufrimientos de Pozzo.)

...que sigue que sigue a saber pero no anticipemos no se sabe por qué como consecuencia de los trabajos de Poinçon y Wattmann resulta tan claro tan claro que en vista de los trabajos de Fartov y Belcher inacabados inacabados no se sabe por qué de Testu y de Conard inacabados inacabados resulta que el hombre contrariamente a la opinión contraria que el hombre en Bresse de Tus y Conard que el hombre en fin en una palabra que el hombre en una palabra en fin a pesar de los progresos de la alimentación y de eliminación de los residuos está a punto de adelgazar y al mismo tiempo paralelamente no se sabe por qué a pesar del impulso de la cultura física de la práctica de los deportes tales tales tales como el tenis el futbol las carreras y a pie y en bicicleta la natación la equitación la aviación la conación el tenis el remo el patinaje y sobre hielo y sobre asfalto el tenis la aviación...

(Estragon y Vladimir se calman y vuelven a escuchar. Pozzo se agita cada vez más y deja escapar algunos gemidos.)

...los deportes los deportes de invierno de verano de otoño de otoño el tenis sobre hierba sobre mesa y sobre cemento la aviación el tenis el hockey sobre tierra sobre mar y en los aires la penicilina y sucedáneos en una palabra vuelvo al mismo tiempo paralelamente a reducir no se sabe por qué a pesar el tenis vuelvo la aviación el golf tanto a nueve como a dieciocho hoyos el tenis sobre hielo en una palabra no se sabe por qué en Seine Seine-et Oise Seine-et-Marne Marne-et-Oise a saber al mismo tiempo paralelamente no se sabe por qué de adelgazar encoger vuelvo Oise Marne en resumen la pérdida seca por cabeza desde la muerte de Voltaire siendo del orden de dos dedos cien gramos por cabeza aproximadamente por término medio poco más o menos cifras redondas buen peso desvestido en Normandía no se sabe por qué en una palabra en fin poco importan los hechos ahí están y considerando por otra parte lo que todavía es más grave que que surge lo que todavía es más grave a la luz la luz de las experiencias en curso de Steinweg y Petermann surge...

(Exclamaciones de Vladimir y Estragon. Pozzo se levanta de un salto, tira de la cuerda. Todos gritan. Lucky tira de la cuerda, tropieza, aúlla. Todos se lanzan sobre Lucky, que se debate y vocifera su texto.)

...lo que todavía es más grave que surge lo que todavía es más grave a la luz la luz de las experiencias abandonadas de Steinweg y Petermann que en el campo en la montaña y a orillas del mar y de corrientes y de agua y de fuego el aire es el mismo y la tierra a saber el aire y la tierra por los grandes fríos el aire y la tierra hechos para las piedras por los grandes fríos ay en la séptima de su era el éter la tierra el mar para las piedras por los grandes fondos los grandes fríos sobre mar sobre tierra y en los aires poco queridos vuelvo no se sabe por qué a pesar del tenis los hechos están ahí no se sabe por qué vuelvo a lo siguiente resumiendo en fin ay a lo siguiente para las piedras quien puede dudarlo vuelvo pero no anticipemos vuelvo la cabeza al mismo tiempo paralelamente no se sabe por qué a pesar del tenis a lo siguiente la barba las llamas los llantos las piedras tan azules tan tranquilas ay la cabeza la cabeza la cabeza en Normandía a pesar del tenis los trabajos abandonados inacabados más graves las piedras resumiendo vuelvo ay ay abandonados inacabados la cabeza la cabeza en Normandía a pesar del tenis la cabeza ay las piedras Conard Conard... *(Embrollado. Lucky profiere todavía algunas exclamaciones.)* ¡Tenis!... ¡Las piedras!... ¡Tan tranquilas!... ¡Conard!... ¡Inacabados!...

POZZO: ¡Su sombrero!

(Vladimir se apodera del sombrero de Lucky, quien calla y cae. Gran silencio. Jadeo de los vencedores.)

ESTRAGON: Estoy vengado.

(Vladimir contempla el sombrero de Lucky y mira el interior.)

POZZO: ¡Démelo! *(Arranca el sombrero de manos de Vladimir, lo tira al suelo y lo pisotea.)* ¡Así ya no pensará!

VLADIMIR: Pero, ¿podrá orientarse?

POZZO: Yo lo orientaré. *(Le arrea unos cuantos puntapiés a Lucky.)* ¡En pie! ¡Cerdo!

ESTRAGON: Tal vez esté muerto.

VLADIMIR: Lo va usted a matar.

POZZO: ¡En pie! ¡Carroña! *(Tira de la cuerda, Lucky resbala un poco. A Estragon y Vladimir.)* Ayúdenme.

VLADIMIR: ¿Cómo hacerlo?

POZZO: ¡Levántenlo!

(Estragon y Vladimir ponen en pie a Lucky, lo sostienen un momento, luego lo dejan. Cae de nuevo.)

ESTRAGON: Lo hace a propósito.

POZZO: Hay que sostenerlo. *(Pausa.)* ¡Vamos, vamos, levántenlo!

ESTRAGON: Ya estoy harto.

VLADIMIR: ¡Venga, intentémoslo de nuevo!

ESTRAGON: ¿Por quién nos toma?

VLADIMIR: Venga.

(Ponen en pie a Lucky, lo sostienen.)

POZZO: ¡No lo suelten! *(Estragon y Vladimir se tambalean.)* ¡No se muevan! *(Pozzo coge la maleta y el cesto y se los lleva a Lucky.)* ¡Sosténganlo bien! *(Pone la maleta en la mano de Lucky, quien la suelta en el acto.)* ¡No lo suelten! *(Vuelve a empezar. Poco a poco, al contacto de la maleta, Lucky recobra el sentido y sus dedos terminan por cerrarse en torno al asa.)* ¡Sigan sosteniéndolo! *(Hace la misma operación con el cesto.)* Ya está, ya pueden soltarlo. *(Estragon y Vladimir se separan de Lucky, quien vacila, se tambalea y se dobla, pero permanece en pie, con maleta y cesto en mano. Pozzo retrocede, hace chasquear el látigo.)* ¡Adelante! *(Lucky avanza.)* ¡Atrás! *(Lucky retrocede.)* ¡Date la vuelta! *(Lucky se vuelve.)* Ya está, puede andar. *(Se vuelve hacia Estragon y Vladimir.)* Gracias, señores, y permítanme *(Hurga en sus bolsillos.)* que les desee *(Hurga.)* que les desee *(Hurga.)* pero, ¿dónde he metido mi reloj? *(Hurga.)* ¡Qué pesadez! *(Levanta la cabeza, desencajado.)* Un verdadero canalla. Señores, con segundero. Me lo dio mi compadre. *(Hurga.)* Se me habrá caído. *(Busca por el suelo, igual que Vladimir y Estragon. Pozzo con el pie da la vuelta a lo que queda del sombrero de Lucky.)*

VLADIMIR: ¿Quizá lo haya guardado en el bolsillo del chaleco?

POZZO: Un momento. *(Se dobla en dos, acerca la cabeza al vientre, escucha.)* ¡No oigo nada! *(Les indica que se acerquen.)* Vengan a ver. *(Estragon y Vladimir van hacia él, se inclinan sobre su vientre. Silencio.)* Creo que se debería oír el tictac.

VLADIMIR: ¡Silencio!

(Todos escuchan, inclinados.)

ESTRAGON: Oigo algo.
POZZO: ¿Dónde?
VLADIMIR: Es el corazón.
POZZO *(decepcionado)*: ¡Mierda!
VLADIMIR: ¡Silencio!

(Escuchan.)

ESTRAGON: Tal vez se haya parado.

(Se incorporan.)

POZZO: ¿Quién de los dos huele tan mal?
ESTRAGON: A él le huele el aliento; a mí, los pies.
POZZO: Voy a dejarlos.
ESTRAGON: ¿Y su callana?
POZZO: La habré dejado en el castillo.
ESTRAGON: Entonces, adiós.
POZZO: Adiós.
VLADIMIR: Adiós.
ESTRAGON: Adiós.

(Silencio. Nadie se mueve.)

VLADIMIR: Adiós.
POZZO: Adiós.

ESTRAGON: Adiós.

(Silencio.)

POZZO: Y gracias.
VLADIMIR: Gracias a usted.
POZZO: No hay de qué.
ESTRAGON: Claro que sí.
POZZO: Claro que no.
VLADIMIR: Claro que sí.
ESTRAGON: Claro que no.
(Silencio.)

POZZO: No consigo... *(Duda.)*... marcharme.
ESTRAGON: Así es la vida.

Patán d ls mns

Leo Maslíah

De la obra *La buena noticia y otros cuentos*

Ocpemos sus ofcnas. Les squstraremos. Traermos nstros bcadillos y ntra mantqulla y drmremos en el slo.

Alfred Bester,
The Computer Connection

Hba una vz n ptito qu n sbía nadr bn. Smpre qudaba rzgado. Mm pta n sbía qu hcr cn l. Hsta qu s cnsó y l abndnó. L ptito fu tnces adptdo pr n csne, pr no fncó. Tmbién l bndnó. La scidad prtctra de anmls lo entrgó lgo a una mna, qu s bía apdado dél. ¡Y ahsí! El ptito aprndió ensgda a trpr y andar pz ls rmas. Auqu a vces s caía, prque ss als n eran muy prnsiles. Pr al fnal se cnvrtió en ¡Patán de ls mns! Un sctr llmado Dgar Rc Brrgs quso scribr s bgrfía. A tles efcts alqulron na ofcna en Mnhttn, y trbjban dcéis hrs pr día. Patán hblba y Brrgs scribía a mquna. Cndo l bgrfía estvo lsta la llvron a una editrl. No gstó. La llvarn a otr. Tmpc fncó. Ndie la quría. Trtarn tnces de adptrla a cmic, pr tmbién frcsron. Hst qu un prdctor de cine se intrsó n la hstria. Se flmó. Se dstrbuyó. Se exhbió. Pr ndie ib a vrla. Fun fsco. Patán tnces senjó cn Brrgs.

—¿Pr qu mrda m hcste hblar tnto? —le grtó.

—Bn, yo cr qu... —s dsclpó l scritr.

—Yo stba lo ms bn, en l slva, cn ls mnas.

—¿Qrs qu t llve d vlta?

—N, grcs, prfro cminar —dj el pt, y empzó a andr, pro cmo él estba cstumbrdo a clgrse d ls rmas en la jngla, n pdo cmnar bn, y a cda pso qu dba, sus esfntres se rljban, y se cgaba.

Los dinámicos

Miriam Alonso

De la obra *Las mujeres y el sentido del humor*

—Compañeros, la asamblea de hoy tratará sobre varios temas, por lo cual, y para no alargarla innecesariamente, les rogamos que cuando tomen la palabra sean lo más concretos posible para que no se caiga en temas ajenos a los pronunciados aquí. No debemos demorar por gusto la reunión y además, como dinámicos y ágiles que somos, no vamos a permitir que se hablen temas fuera del contexto que nos ocupa y por el cual nos hemos reunido hoy, pues sabemos que los compañeros han terminado de trabajar y naturalmente tienen deseos de descansar. Además, las compañeras han de marchar para recoger a sus hijos de los círculos, y de ninguna manera permitiremos que las demoren injustificadamente. Por todo ello, compañeros, les ruego, para dar una mayor rapidez a la asamblea, que pidan la palabra levantando la mano ordenadamente y hagan sus exposiciones lo más breve que puedan. Esta reunión tiene que ser la más dinámica posible para que no pierda calidad; porque como ustedes saben, la calidad es una cosa muy seria, es una categoría que se alcanza sólo cuando las cosas se realizan a la perfección. Es por ello que exhortamos a todos los compañeros presentes a defender la calidad de esta asamblea por encima de todo. Este colectivo, que siempre se ha caracterizado por su entusiasta agilidad, no permitirá que nadie se aleje de los puntos a tratar. Nuestra asamblea debe ser como un relámpago que ilumine, pero que sea fugaz, y perdonen los compañeros esta metáfora, pero es que hoy me siento muy feliz porque sé que esta asamblea será un rotundo éxito. En fin, compañeros, vamos a empezar la reunión más ágil que conozca la historia, será dinámica, pero eso sí, sin perder la calidad. Como presidente de la reunión, les informo que esta asamblea tratará dos puntos fundamentales: pero por favor, recuerden no caer en chapoteos. Como primer punto planteo que la semana próxima será la asamblea de producción. El segundo punto es avisarles que el domingo tendremos movilización hacia la agricultura... ¿Algún compañero desea hacer alguna aclaración...?, ¿nada?... Bueno, entonces damos por terminada la asamblea.

La fe

Juan José Millás

De la obra *Algo que te concierne*

En Londres han destituido a un pastor protestante por no creer en Dios. En Londres es que no han leído a Unamuno, cuyo san Manuel Bueno era santo y ateo al mismo tiempo. Tampoco han leído a Blanchot; si no, sabrían que no es un requisito indispensable creer en Dios para creer en Dios, o sea, que lo malo de no creer en Dios es que afirmas su existencia en el momento mismo de negarla, no tienes salida. Parece un círculo vicioso, qué le vamos a hacer. Por otra parte, quienes más creen en Dios son los que con mayor furor le niegan. Acuérdense de los Torquemadas y Cía. de la Inquisición, que revolvían con una mano entre los intestinos de sus condenados mientras sujetaban los evangelios con la otra. No hay más que leer un par de capítulos de la historia de la Iglesia para cerciorarse de que Dios no existe, aunque esta negación nos coloque a sus pies.

Es decir, que la gente que cree mucho en Dios es sumamente peligrosa, como la que cree mucho en la patria, o en el Rey (por Dios, por la patria y el Rey murieron nuestros padres), pero también hay que llevar cuidado con los que creen a pies juntillas en el colesterol, en la dieta mediterránea, en Felipe González o en los efectos perjudiciales del tabaco. Una vez que adquieres la fe en algo, esa fe te devora y rompe todos los espejos que no la reflejan.

Lo ideal, desde luego, sería no creer en nada (en agosto es más fácil, por el calor); lo que pasa es que cuando dejas de creer en todo te empieza a entrar una piedad general por las cosas, incluido tú mismo, que te dan ganas de echar una mano aquí y allá, y así, casi sin darte cuenta, te vas volviendo bondadoso, y esta bondad te ablanda y te lleva a creer de nuevo en las flores y en Dios y en Felipe González y en el colesterol y en los efectos perjudiciales del tabaco. No tenemos remedio.

Un pecado original

Elvira Lindo

De la obra *Manolito Gafotas*

Si fuera a Religión tendría que confesar al cura un pecado original que cometí el otro día. Pero como voy a Ética sólo te lo voy a contar a ti que me has caído bien, y a media España que también me ha caído bien, porque yo no soy de los que van por la calle preguntando: "Oiga, perdone, ¿es usted cura? ¿Me quiere confesar un pecado bastante original?".

La gente me tomaría por loco: unos dirían: "Anda, vete, salmonete", y otros saldrían corriendo despavoridos. Mi madre me apuntó a Ética para ver si aprendía un poco de educación, que falta me hace: "Por lo menos que hagas menos ruido mientras comes, hijo mío".

Mi abuelo sí que hace ruido, pero como los dientes que lleva no son suyos sino que son del "Alcampo", pues todo el mundo le disculpa. De todas maneras lo único que nos enseña la *sita* Asunción en Ética es repetirnos mil veces que como sigamos siendo ese pedazo de bestias que somos al bajar al patio acabaremos siendo unos delincuentes. Pero eso no es nada nuevo, eso nos lo dice a todas horas, hasta en matemáticas, hasta en sueños me lo dice esa mujer despiadada.

Todo esto venía por el pecado bastante original (no es porque sea mío) que cometí el otro día. Te lo voy a contar desde el principio de los tiempos. Resulta que el otro día vino a buscarme mi abuelo al colegio. Hasta ahí todo es normal. Y me trajo en su mano temblorosa un bocata de queso de cabrales, y voy y le digo:

—Abuelo, ¿cuántas veces tengo que decirte que a mí el queso de cabrales me recuerda al olor de los vestuarios de mi colegio?

Hasta ahí todo era normal. Mi abuelo me contesta:

—Que no, *atontao*, que te lo has tragado, pardillo, que el de cabrales es para mí y para ti el de colacao con mantequilla.

Mi abuelo me ha gastado esta broma, sin exagerar, unas ciento cincuenta mil quinientas veinticinco veces, pero como está de la próstata no se acuerda y yo tengo que hacer como que la bromita es nueva y decir:

—Menos mal, abuelo, por un momento creí que me tenía que tragar el de cabrales.

A él le hace mucha ilusión que yo me ría con una broma que hacemos un día sí y otro no, como dice mi madre, en días alternos. Hasta ahí todo era normal aquella fría tarde de un invierno gris marengo. Mi abuelo me preguntó:

—¿Tu señorita no será esa chiquita joven de la minifalda roja?

Y yo le contesté:

—Joé, que no, abuelo, mi señorita es esa vieja y despiadada de la falda negra y larga.

—Pues qué mala suerte, Manolito, te acompaño en el sentimiento.

Hasta ahí todo era normal, porque mi abuelo nunca pierde la esperanza de que mi señorita sea esa chiquita joven con minifalda por la que siempre pregunta. Le gustaría acercarse y con la excusa de qué tal va mi nieto en matemáticas invitarla a un café con unos boquerones, que es lo que le gusta tomarse a mi abuelo cuando cobra su pensión. Mi abuelo nunca pierde la esperanza con las chicas. Siempre me dice que yo he salido a él. Es verdad, mira que la Susana me ha dado cortes mortales, pues nada, yo vuelvo a ella como las moscas vuelven a la caca. Y con esto no quiero decir que yo sea una mosca.

Hasta aquí todo era normal. Casi todas las tardes decimos lo mismo, nos reímos de lo mismo y merendamos lo mismo: ¿Y quién tiene la culpa? Nosotros mismos, porque nos gusta escuchar siempre lo mismo, y a quien no le guste, que se vaya a Noruega, como se fue mi tío Nicolás.

Bueno, pues en este momento bastante poco crucial de nuestras vidas viene un tío de tantos que se ven por mi barrio y le dice a mi abuelo que le dé doscientas pesetas.

Y mi abuelo le suelta:

—Por las narices te voy a dar yo doscientas pesetas.

Y va el tío y saca una navaja de grandes dimensiones y nos amenaza sin contemplaciones:

—Pues por el morro me vas a dar lo que lleves.

Y nos dijo que tenía el SIDA y que el SIDA iba en la navaja. Mi abuelo, que en cuanto le insistes un poco con una navaja cambia de opinión, dijo:

—Eso está hecho. Manolito, dale a este señor tan amable el dinero.

Lo llevaba yo; mi madre me lo mete en el bolsillo todos los días para que compre "el número de los ciegos", porque en mi casa a todos nos gustaría hacernos de golpe millonarios y si te he visto no me acuerdo. En algo se tenía que notar que somos de la misma familia.

Empecé a sacar moneda tras moneda. Mi madre me lo da en monedas para que le quite a ella lo suelto de la cartera, y claro, el atracador se empezó a poner cardiaco. Por muy bueno que sea un atracador llega un momento en la vida de los atracadores que se cansan de esperar porque tienen otras cosas que hacer. A mí, con los nervios, se me cayeron veinte duros al suelo y al ir el tío a agacharse a recogerlos y huir-sin-mirar-atrás le pude ver la navaja de cerca y leí: "Recuerdo de Mota del Cuervo".

Y yo, por sacar un tema de conversación en aquel momento de alta tensión ambiental, dije:

—Esta navaja es del pueblo de mi abuelo.

Y mi abuelo va y se pone a preguntar: "¿Y tú por qué tienes una navaja de Mota del Cuervo, y cuándo estuviste allí, y cómo se llama tu madre, y cuál es tu grupo sanguíneo, y de qué color llevas los calzoncillos...?". Mi abuelo siempre se pone igual de pesado cuando se encuentra a alguien de Mota del Cuervo, Cuenca. Total que nuestro atracador va y le dice que sí, que es de Mota del Cuervo, y le dice el nombre de su madre. (El nombre de la madre del atracador, no el nombre de la madre de mi abuelo; ésa murió hace algún siglo y tampoco es cuestión de ponerse ahora a llorar por toda la gente que murió en el planeta Tierra.) Su madre era Joaquina, alias *La Ceporra*; mi abuelo la conocía. El atracador le dijo que no se le ocurriera decirle a su madre que tenía el SIDA porque se podía preocupar y porque además era una sucia mentira de atracador. Mi abuelo le dijo que como siguiera atracando por mi barrio que iba a llamar a *La Ceporra*, que era una santa, y que iba a llamar a la policía para que lo detuvieran esposado y la gente le señalara por las calles diciendo: "Ése es el chorizo que se atrevió a atracar a Nicolás Moreno y a Manolito Gafotas".

Para terminar, mi abuelo le soltó:

—Y dame la navaja, que no quiero que el nombre de mi pueblo se vea mancillado con tus fechorías, asqueroso.

Eso le dijo mi abuelo. Nuestro atracador asqueroso se portó bastante bien, la verdad, le dio a mi abuelo la navaja "Recuerdo de Mota del Cuervo", Cuenca, y nos devolvió el dinero "religiosamente", como dice mi madre.

Yo creía que esta impresionante historia se había terminado aquí, lo mismo creías tú y lo mismo creía el presidente de los Estados Unidos; pues los tres nos hemos colado, porque todavía queda lo más interesante.

Dos días después la *sita* Asunción dijo:

—Poneos en fila que vamos al Museo del Prado.

No te creas que fue una sorpresa. Lo sabíamos desde hacía una semana, pero nos tiramos todos a la puerta como si no hubiéramos visto una puerta en nuestra vida.

Mi madre me había preparado para ir al Museo del Prado: una tortilla de patatas, unos filetes empanados y un bollicao de postre. Cuando lo saqué en el autobús, Yihad me dijo que yo era un pedazo de hortera y que parecía que en vez de ir al Museo del Prado me iba de acampada a Miraflores de la Sierra. Me dio tanta rabia que le dije: "¿Quieres?". Y el tío se me comió media tortilla, pero ya no me volvió a llamar hortera. Si se llega a enterar mi madre me mata, porque dice que siempre me comen el bocadillo los demás niños del mundo mundial.

Bueno, pues cuando mejor lo estábamos pasando, el Orejones ya había vomitado dos veces y habíamos cantado *El señor conductor no se ríe, no se ríe el señor conductor*, resulta que había llegado al Museo del Prado ese. La *sita* Asunción nos dijo que el que se portara mal jamás volvería a salir de excursión en todos los años de su vida a no ser que fuera a la cárcel de Carabanchel, que es donde debía estar. La *sita* Asunción nos quería llevar a ver *Las Mininas* de Velázquez, que es un cuadro en el que Velázquez retrató a todas sus gatas porque era un hombre al que le gustaban mucho los animales, por eso mi colegio se llama Diego de Velázquez.

Nunca llegué a ver ese cuadro porque por el camino vimos uno en el que salían tres tías bastante antiguas. Se veía que eran antiguas porque tenían, como dice mi madre, el tipo del tordo: la cabeza pequeña y el culo gordo. Y nos quedamos allí plantados, el Orejones, Yihad y yo, delante de él todo el rato; porque en ese museo ves un cuadro y ya te haces a la idea de todos los demás porque se parecen bastante, la verdad.

Las tres melonas antiguas estaban desnudas y tenían unas cacho piernas que te da una tía de ésas con una de sus cacho piernas y te has muerto con todo el equipo para el resto de tu vida.

De repente, el Orejones leyó el título y resultó que el cacho cuadro se llamaba *Las tres gracias*. Yihad se cayó al suelo de la risa y acto seguido nos tiramos el Orejones y yo para no ser menos. Yihad se sacó un rotulador de la chupa para escribir en el cuadro: *Las tres gordas*, y entonces se acercó corriendo el guardia del Museo y nos preguntó por nuestra señorita y nos llevó prácticamente esposados a donde estaba la *sita* Asunción, que estaba con toda la clase viendo un cuadro de toda una familia mirando de frente, como el vídeo que tenemos nosotros del bautizo del Imbécil.

A mí me temblaban hasta los cristales de las gafas, pero entonces sucedió algo que cambió completamente el curso de nuestras vidas. Mientras la *sita* Asunción hablaba del cuadro vi cómo un tío se colocaba a su lado. El tío... el tío... ¡era el mismo que nos había querido atracar a mi abuelo y a mí!

Antes de que el guardia del Museo pudiera chivarse sin piedad, yo me tiré a los brazos de mi *sita* Asunción —nunca creí que fuera a caer tan bajo— y le dije:

—¡*Sita* Asunción, le está intentando quitar el bolso el famoso atracador de Mota del Cuervo, Cuenca, que además de no tener el SIDA es hijo de Joaquina, *La Ceporra*!

La *sita* Asunción se quejó al guardia por la poca protección que había en el Museo y a mí me dio un beso y me dijo que podía ir en la primera fila del autocar con ella en mérito al honor o al soldado desconocido, no me acuerdo.

Antes de salir a la calle entramos todos en el wáter del Museo a mear, que es lo que hacemos siempre que nos llevan a cualquier sitio, y allí estaba el atracador. Me coge del brazo y me dice:

—Mira, Gafotas —no me puedo explicar cómo sabía mi mote—, me vine de Mota del Cuervo a Madrid porque en esta ciudad no me conoce nadie y resulta que me vas a jorobar tú todos los días el negocio.

Yo le dije que no lo había hecho con mala intención, que le había acusado a él para que no me acusaran a mí. Y para que me soltara, para que me dejara de pellizcar el brazo, le dije un sitio donde podía atracar a sus anchas y sacar su navaja de Mota del Cuervo sin que yo saliera a meterme donde no me importa.

La *sita* Asunción no me regañó por una vez en la historia cuando llegué tarde al autobús; me estaba esperando en la primera fila. Y yo me senté delante de las narices de todos mis compañeros, al lado de ella, en mi nuevo papel de niño pelota.

Estuve muy contento sólo durante tres minutos y medio, después me empecé a aburrir como una oveja, veía cómo Yihad se estaba quedando ronco de cantar *¡El Orejones no tiene pilila!* Y me estaba muriendo de envidia.

Mi señorita aprovechó para enseñarme todos los monumentos que nos íbamos encontrando a nuestro paso, y me dio por pensar que a Madrid le sobraban monumentos.

La *sita* Asunción estaba muy contenta de tener un nuevo niño pelota, y yo, para mis adentros, sabía que había cometido un pecado original, un pecado que nunca me podré confesar porque no voy a Religión ni conozco a un solo cura:

El sitio donde le había dicho al atracador de Mota del Cuervo, Cuenca, que fuera a atracar era el portal de la *sita* Asunción.

Desde entonces la miro todas las mañanas a ver si trae cara de que la han atracado.

Dice mi abuelo que no me preocupe, que los atracadores de su pueblo nunca se levantan antes de las once de la mañana y a esa hora ya está la *sita* en el colegio machacándonos el cerebro. Eso ya me ha dejado más tranquilo porque, te digo una cosa, yo a mi *sita* la quiero lejos, pero la quiero.

¿Cómo te quiere él?

Maruja Torres

De la obra *Como una gota*

Desde hacía años tenía ganas de conocer a un director de orquesta. Uno de esos hombres que se tratan de tú a tú con Mozart, con Schubert, con Brahms. En definitiva, un hombre sensible, capaz de comprender el alma de artista que hay en mí, el derrame permanente de musicalidad con el que cohabito. Soñaba yo con ese encuentro en el que primaría la afinidad de los espíritus y la conversación se elevaría a cimas insospechadas.

De modo que, una vez que el destino me deparó la otra noche tal oportunidad, y cuando le tuve ya sentado frente a mí, al otro lado de la mesa del restaurante típico con su *atrezzo* de espigas y tomates, en medio de lo que podría llamarse una cena de sociedad, pensé: "Es la mía". Y dije algo que estaba deseando preguntarle a un experto desde mucho tiempo atrás:

—¿Es cierto que ya no quedan castrados? Operísticamente hablando, quiero decir.

Abrió la boca, se dispuso a largar un erudito discurso, y en ese instante, algo sucedió. *Otra mujer* intervino. Aquí me entra la duda de si debo reproducir su intervención y a continuación describirla a ella, o poner a secas lo que dijo, y ya todos imaginarán cómo es. Por si acaso:

—Debe ser *tan interesante* dirigir una orquesta —suspiró—. Yo no sabría ni por dónde empezar.

—Por la obertura —intervine con maldad, pero para entonces ya tenía a mi director prendido de la otra y perdido para mi causa, pasando completamente de mí y de mis sesudos interrogantes.

—Creo —tosí— que María Callas realizó una auténtica proeza al forzar su voz naturalmente de *mezzo* hasta convertirla en voz de soprano, lo cual contribuyó, esto, *ejem*, al incomparable color que la caracterizaba junto con esa fragilidad como de cristal que alcanza sus mejores momentos cuando Ana Bolena, camino del cadalso, lanza improperios trémulos contra el manta de Enrique VIII y la pánfila de Jane Seymour. *Coppia indigna*, creo que se titula el aria.

—¿Cuánto pesa la batuta? Yo no sería capaz de manejarla —me cortó la rubia.

Pues, a estas alturas, los ávidos lectores ya habrán comprendido que se trataba de una rubia falsa, joven y vestida con un conjunto tricot que realzaba sus formas sin por ello impedirle presumir de recato. Mirarle el conjunto y odiarla era todo uno. Tenía el inconfundible aspecto de las que se quieren casar. Y, generalmente, lo consiguen.

—Bonito vestido —la piropeé—. Lástima que aún no haya podido visitar la planta de oportunidades de Galerías. Veo que tienen auténticas monadas.

El bobo del director de orquesta se unió a mis elogios:

—Precioso, precioso —y, en seguida a lo suyo, se ofreció a la intrusa para ayudarle a calcular el peso de varios tipos de batuta, en un recorrido íntimo por todas las baturerías de Madrid.

—Y los pendientes —añadí—, divinos. Es un acierto que los lleves pequeñitos, son ideales para los cuellos cortos.

No me hicieron ni puñetero caso, absortos como estaban ella en saber de qué oído era sordo Ludwig van, y él, todo paternal, en explicárselo. Me sentí en la necesidad imperiosa de intervenir de nuevo:

—¿Es cierto que el dúo de Don Carlo y el Marqués de Posa está considerado como el momento álgido del tratamiento de la amistad en la ópera, según opinaba Carlos Gilberto Jung? ¿No será más acertada la tesis de Demetrio Hernández Lawrence en el sentido de que es infinitamente superior el tema que desarrollan Norma y Adalgisa, y que empieza tal que así?

Y me puse a tararear *Guarda, o Norma, ai piedi tuoi*, etcétera, con nulo efecto en mi interlocutor.

—¿Para cantar *Rigoletto* contratan a jorobados de verdad? —preguntó ella, mientras el director prácticamente babeaba de embeleso. Yo casi me desvanecí: era la más tonta.

—Desde luego, querida —la informé por mi cuenta y riesgo—; recuerda la famosa escuela de barítonos gibosos de Parma, Massachusetts, fundada por Lucrecia Borgia.

Estaba histérica, lo reconozco, y eso jugó en mi contra. El director de orquesta, que no se percataba de cómo le estaban echando el lazo, lo notó. Notó que yo estaba histérica, agresiva, virulenta, defraudada y dispuesta a todo. Con tono protector hacia la cretina, mirándome con cierta severidad, afirmó:

—El conocimiento sólo se adquiere preguntando sin pudor a la persona adecuada.

Parpadeé, cambiando de táctica:

—¿Por qué *El sombrero de tres picos* es de tres picos y no de cuatro, cinco o incluso más picos?

Demasiado tarde. Justo entonces se acercó a la mesa un miembro del coro con más *pluma* que el sombrero del Duque de Mantua, y musitó algo a la oreja del genio. Éste se levantó y, aduciendo una tremenda necesidad de sueño, se colgó del brazo del efebo y desapareció en la noche, contoneándose.

La deficiente y yo nos medimos la mutua decepción con la mirada.

—Estas cosas —la animé, maternal— se sobrellevan mejor con cultura.

Desde entonces le doy clases nocturnas.

Referencias biográficas de los autores

ROBERTO FONTANARROSA (Argentina, 1944-2007)

Humorista gráfico, cuentista y novelista argentino. Varias de sus obras han sido adaptadas al teatro, con gran éxito. A su actividad de dibujante y escritor, se agrega haber sido colaborador creativo del conjunto musical argentino Les Luthiers. Algunas de sus obras de narrativa son *Best Seller, El área 18* y *La gansada* (novelas), *Los trenes matan a los autos, No sé si he sido claro* (cuentos).

JULIO CORTÁZAR (Bélgica, 1914-Francia, 1984)

Escritor argentino cuya obra es principalmente de narrativa, aunque también escribió poesía y ensayo. En 1951 se instaló en París, donde trabajó para la Unesco. Algunos de sus títulos son la novela *Rayuela*; los libros de cuentos *Bestiario, Final de juego*; el delicioso y más resistente a la clasificación *Historias de cronopios y de famas*, y originales ensayos.

ITALO CALVINO (Cuba, 1923-Italia, 1985)

Periodista y narrador, es uno de los más importantes escritores italianos del siglo XX. Participó como partisano en la resistencia italiana durante la Segunda Guerra Mundial. Luego se asentó en Turín, donde se diplomó en literatura al mismo tiempo que trabajaba como periodista y editor. Entre sus libros se puede citar la trilogía compuesta por *El caballero inexistente, El vizconde demediado* y *El barón rampante*; *Las cosmicómicas, Si una noche de invierno un viajero, Las ciudades invisibles, Seis propuestas para el próximo milenio.*

Woody Allen (Estados Unidos, 1935)
Escritor, guionista, actor y director de cine estadounidense, ganador de varios premios y menciones de la Academia de Cine. Su verdadero nombre es Allen Stewart Konigsberg. Algunos títulos de su brillante producción cinematográfica son *Toma el dinero y corre*, *La locura está de moda*, *Todo lo que usted siempre quiso saber sobre el sexo y nunca se atrevió a preguntar*, *El dormilón*... Además, escribió obras de teatro, como *Tócala otra vez, Sam* (llevado al cine como *Sueños de un seductor)*; y narrativa, como *Cuentos sin plumas*, *Cómo acabar de una vez por todas con la cultura*.

Augusto Monterroso (Honduras, 1921-México, 2003)
Escritor guatemalteco que participó intensamente en la vida política de su país. Residió en México desde 1944. Durante varios años impartió talleres de narrativa. Entre su obra, que incluye cuentos, fábulas, ensayos, novelas y otras formas que se resisten a un encasillamiento, se pueden citar *Obras completas y otros cuentos*, *La oveja negra y demás fábulas*, *La letra e* y *Cuentos, fábulas y lo demás es silencio*.

Juan José Millás (España, 1946)
Narrador y articulista español. Alterna su trabajo literario con una abundante colaboración en prensa. *Algo que te concierne* recoge una selección de sus artículos. Otros títulos: *Cerbero son las sombras*, *La soledad era esto*, *Primavera de luto y otros cuentos*, *El orden alfabético* y *Tonto, muerto, bastardo e invisible*.

Daniel Samper Pizano (Colombia, 1945)
Escritor colombiano, residente en España desde 1986. Abogado, cuenta con máster en Periodismo por la Universidad de Kansas

y un posgrado en Harvard. Guionista de comedias y series de televisión, es el más conocido articulista y escritor de humor de su país. Autor de dieciocho libros, entre ellos quince de humor, como *Dejémonos de vainas*, *¡Piedad con este pobre huérfano!*, *Esto no es vida*, *De tripas corazón* y *El sexo puesto* (estos dos últimos en coautoría con Jorge Maronna).

Wenceslao Fernández Flórez

(España, 1885-1964)
Escritor y periodista español, desarrolló su obra dentro de la crónica periodística, colaborando en diversos diarios y revistas, que le valieron una gran popularidad; también escribió cuentos y novelas. En 1934 fue nominado miembro de la Academia Española de la Lengua. Entre sus obras se pueden citar *El malvado Carabel*, *El bosque animado*, *El secreto de Barba Azul*.

Alfredo Bryce Echenique (Perú, 1939)

Novelista, cuentista y articulista peruano. Abogado y doctor en letras, realizó actividades académicas en universidades como las de Nanterre, Sorbona, Montpellier, Vincennes, Austin, Universidad de Puerto Rico, Yale... Su novela probablemente más comentada es *Un mundo para Julius*. Sin embargo, *La vida exagerada de Martín Romaña* y su continuación, *El hombre que hablaba de Octavia de Cádiz*, son también buenas referencias.

Jorge Ibargüengoitia (México, 1928-España, 1983)

Narrador, dramaturgo y articulista mexicano que, si bien se inició como autor teatral, llamó la atención por su enfoque satírico y humorístico de la historia, aunque también aplicó su mirada inteligente y desmitificadora a la crónica cotidiana. Entre sus obras figuran *Los relámpagos de agosto, Estas ruinas que ves, Las muertas, Dos crímenes, Los conspiradores, La ley de Herodes y otros cuentos, Viajes a la América ignota.*

DARIO FO (Italia, 1926-2016)

Prolífico dramaturgo, director, actor y mimo italiano. Junto con su mujer, la actriz Franca Rame, desarrolló un teatro innovador y transgresor, con fuerte anclaje en la tradición de la comedia del arte. Esta labor le valió un gran reconocimiento internacional. En 1997 obtuvo el Premio Nobel de Literatura. Escribió más de cincuenta obras, algunas con su esposa. Entre ellas: *Muerte accidental de un anarquista, ¡Pum, pum! ¿Quién es?, Aquí no paga nadie, Tengamos el sexo en paz, Misterio Bufo, Manual mínimo del actor.*

GÜNTER GRASS

(Danzig, hoy Gdansk, Polonia, 1927-Alemania, 2015)

Novelista, poeta, ensayista, dramaturgo, escultor y grabador alemán muy activo y crítico políticamente. Con su novela picaresca *El tambor de hojalata* se erigió portavoz de la generación que creció en la era nazi en Alemania. Obtuvo el Premio Nobel de Literatura en 1999. Algunas de sus obras son *Gato y ratón, Los años de perro, El rodaballo, Mi siglo.*

LEO MASLÍAH (Uruguay, 1954)

Compositor, cantautor, escritor y dramaturgo uruguayo de una gran versatilidad y copiosa producción. Ha publicado, entre otras obras: *Historia transversal de Floreal Menéndez, El show de José Fin* (novelas); *El triple salto mortal, La miopía de Rodríguez* (cuentos), y el volumen de piezas teatrales *No juegues con fuego porque lo po-*

dés apagar. Entre su producción discográfica se encuentra *Buscado vivo* y *Taddei-Maslíah* (este último, con Rossana Taddei).

César Bruto (Argentina, 1905-1984)

Personaje creado por Carlos V. Warnes para firmar la mayoría de sus obras. Sus comentarios fueron ilustrados por el dibujante argentino Oski, y publicó textos en *Cascabel, Rico Tipo* y muchas otras revistas. Escribió los guiones para varios de los ciclos de televisión del humorista argentino Tato Bores. Entre otras obras, publicó *Brutas biografías de bolsillo* y *Lo que me gustaría ser a mí si no fuera lo que yo soy.*

Spencer Holst (Estados Unidos, 1926-2001)

Pasó algunos años de su juventud en Chiapas, México. Legendario cuentacuentos del *underground* de Nueva York, que leía sus historias en templos religiosos y cafés literarios. Así circulaban de boca en boca y aparecieron en revistas especializadas. Ganó el Premio Rosenthal de la American Academy and Institute of Arts and Letters. Pasó sus últimos años en Nueva York, dedicado a la pintura. La única recopilación de sus narraciones traducida al castellano es *El idioma de los gatos.*

James Finn Garner (Estados Unidos, 1960)

Narrador, ensayista y comediante estadounidense, colabora en diversos periódicos y revistas. Su primer libro, *Cuentos infantiles políticamente correctos,* vendió más de dos millones de ejemplares y fue traducido a diecisiete idiomas. Otras obras suyas son *Once Upon A More Enlightened Time, Politically Correct Holiday Stories, Apocalypse Wow!: A Memoir for the End of Time.*

Enrique Jardiel Poncela (España, 1901-1952)
Maestro indiscutido del humorismo español. Se dedicó tanto a la novela como al teatro y al relato breve. Aunque su obra dramática provocó fuertes polémicas, fue un autor de gran éxito y popularidad. Sus *Obras completas* se publicaron en 1958; veinte años después se publicaron sus *Obras inéditas*.

Samuel Beckett (Irlanda, 1906-Francia, 1989)
Poeta, novelista y dramaturgo. Fue profesor de la École Normale Superieure de París, donde conoció a James Joyce, quien ejerció gran influencia en su escritura y de quien se hizo amigo. En la Segunda Guerra Mundial participó activamente de la resistencia francesa. A partir de 1945 se instaló definitivamente en Francia. Recibió el Premio Nobel de Literatura en 1969. Entre sus obras se encuentran *Esperando a Godot*, *Molloy*, *Malone muere*, *El innombrable*, *Primer amor*.

Miriam Alonso (Cuba, 1948)
Diseñadora y periodista cubana. Graduada en pintura en la Academia Nacional de Bellas Artes de San Alejandro, obtuvo un premio de diseño en Polonia. Es colaboradora en diseño gráfico para el semanario *Palante*.

Elvira Lindo (España, 1962)
Escritora, periodista y guionista. Trabajó como locutora de radio y acabó especializándose en guiones. Fue entonces cuando nació Manolito Gafotas, el protagonista de sus libros más populares. Ha escrito también guiones para la televisión y el cine, y ha presentado en teatro *La ley de la selva*; además ha publicado novelas como *El otro barrio*.

MARUJA TORRES (España, 1943)
Narradora y periodista española. Colaboradora de publicaciones como *Fotogramas*, *Por Favor*, *El País*... Como periodista, cubrió la guerra del Líbano y la invasión estadounidense de Panamá. Recibió los premios de periodismo Francisco Cerecedo y Víctor de la Serna. Entre sus publicaciones se encuentran dos novelas de humor: *¡Oh, es él!* y *Ceguera de amor*; un relato de sus viajes por América Latina: *Amor América*; y una recopilación de sus colaboraciones en *El País*: *Como una gota*.

Índice

Aquí acaba este libro
escrito, ilustrado, diseñado, editado, impreso
por personas que aman los libros.
Aquí acaba este libro que tú has leído,
el libro que ya eres.